新中国统计工作历史流变

（1949－1999）

莫曰达　刘晓越　编著

中国统计出版社
China Statistics Press

图书在版编目(CIP)数据

新中国统计工作历史流变 ：1949～1999 / 莫曰达，刘晓越编著. —— 北京 ：中国统计出版社，2015.2

ISBN 978-7-5037-7397-6

Ⅰ. ①新… Ⅱ. ①莫… ②刘… Ⅲ. ①统计—历史—中国—1949～1999 Ⅳ. ①C829.29

中国版本图书馆 CIP 数据核字(2015)第 037520 号

新中国统计工作历史流变：1949～1999

作　　者/莫曰达　刘晓越
责任编辑/梁　超
封面设计/李雪燕
出版发行/中国统计出版社
通信地址/北京市西城区月坛南街 57 号　邮政编码/100826
办公地址/北京市丰台区西三环南路甲 6 号
电　　话/邮购(010)63376907　书店(010)68783172
网　　址/http://csp.stats.gov.cn
印　　刷/三河市利兴印刷有限公司
经　　销/新华书店
开　　本/710×1000mm　1/16
字　　数/81 千字
印　　张/8.75
版　　别/2015 年 4 月第 1 版
版　　次/2015 年 4 月第 1 次印刷
定　　价/24.00 元

卷首语

本书阐述1949年中华人民共和国成立到1999年中国统计工作的演变过程。1949年到1980年的统计工作写得比较详尽。1980年以后,统计工作走上了现代化的轨道。统计工作现代化头绪纷纭,永远走在路上,只能加以概括的叙述,写得近乎粗略。

中国统计工作早在商代就逐步建立起来,在两三千年的发展过程中,始终没有形成系统的、完整的统计理论来指导统计工作的前进。但是在大量的古籍中留下了若干思想总结,形成了片段的、分散的统计理论,特别在统计调查和统计分析方面总结得较为深刻详尽,富有中国特色,成了中国人民宝贵的财富。

系统完整的统计理论,是1903年通过日本传入中国的德国旧社会统计学派的统计理论。以后德国旧社会学派的统计理论为英美数理学派的统计理论所取代。当时国家统计机构的负责官员和国立大学的统计教授,多半曾留学英美,但英美数理学派的统计理论,并不指导着当时中国统计活动的全部，中国传统的分散、片段的统计思想，仍然对统计工作起一定的作用。系统的统计理论与统计工作的实践并不完全吻合。这在国民党政府统治时期尤为突出。抽样调查法是数理学派的统计理论所推崇的，但在政府的统计工作中，从未进行过抽样调查，只有清华大学的研究机构曾经在局部地区在人口调查中进行过抽样调查的试验。

中华人民共和国建立后，中国统计理论的主流又起了激剧的变化，倒向了前苏联。在1978年邓小平提出改革开放以前，新中国的政治体制和国民思想是集中统一的，全国的统计工作和统计思想也必须集中统一。因此指导统计工作的统计理论必须出于官方权威之口或由官方权威所肯定。中国统计工作的方针政策，都由官方发布，个人是不容置喙的。允许个人讨论的只是一些统计方法上的问题，而且这些问题也得由官方提出并做出结论。这个时期，中国的统计思想紧随前苏联的统计理论，禁区森严，毫无生气。如果谁要触犯禁区，谁就会有灭顶之灾。1978年提出改革开放以后，统计思想才开始活跃起来。但实际上，中国的统计工作也不完全受前苏联统计理论的指导，中国传统的统计思想总要顽强地表现自己。统计数字这个极关重要的问题就没有按照前苏联的统计理论办事。

当前，中国的统计工作正在朝着现代化的目标前进，亟需具有中国特色的统计理论的指导。统计工作现代化推动着中国特色统计理论的建立，而中国特色的统计理论也一定能推动中国统计工作朝着现代化的目标前进。

目 录

第一章

为建立新中国统计工作进行理论准备

中国共产党成立后，毛泽东对中国社会经济进行了大量的调查研究。在毛泽东的倡导下，全党也进行了大量的调查研究。调查研究，对全党夺取革命胜利，减少失误，起了很大的作用。但调查研究中的统计成果却比较少见。

通过收集材料、加以分析的工作，毛泽东总结了调查研究的理论，指导着调查研究的实践。

但是，限于当时的条件，要进行系统、完整的调查研究是不大可能的。毛泽东早在1941年就在《〈农村调查〉的序言和跋》中指出：

“中国幼稚的资产阶级还没有来得及也永远不可能替我们预备关于社会情况的较完备的甚至起码的材料，如同欧美日本的资产阶级那样，所以我们自己非做搜集材料的工作不可。”①

这里的材料，无疑包括统计材料在内。所以在全国接近解放，解放区的范围日益扩大以后，解放区各财经机关及其所属企业、事业单位内部，一般都在业务职能机构内或在秘书机构内设置了专职统计人员。在新解放的城市中，接管了原国民党政府及其官办企业、事业单位的经济社会统计资料及统计人员。

在第三次国内革命战争时期，解放区还出版过一些统计书籍。1948年3月，华北新华书店出版的杜思源、杨娱天合著《实用统计方法》就是其中的一本。本书包括：第一章调查；第二章整理；第三章统计表；第四章统计图；第五章代表数；第六章指数；第七章差异数；第八章偏态差误；第九章长期趋势；第十章季节变动；第十一章循环变动及非常变动；第十二章相互关系；第十三章结束语。

作者在该书的《前言》中写道：

“统计学是一种技术性的科学，但它同样是有阶级性的。资产阶级的统计学，它的观点和方法，是机械唯物论和形式逻辑，而在实际运用中，由于为资产阶级服务的立场，常常是歪曲事实的。而我们的统计学是从实际出发，以认真的统计数字毫无慈悲地暴露地主、资产阶级的罪恶，生动具体地画出劳动人民如何挖痛根，如何栽富根的形

① 《毛泽东选集》第三卷811页。人民出版社1953年版。

象，并结合阶级分析的方法，从数字上显示出事物发展的规律，推动着我们的革命工作胜利前进。”

作者在《调查》一章中特别强调了典型调查的重要意义：

“大数观察法是对所有统计集团中的单位一一观察，此法所得结果，虽很正确，但因受人力、物力和时间的限制，实施起来非常困难，反不如使用典型调查为佳。典型是从大量事物中抽出一部分作为标准，突破一点，概括一般。”

统计学有阶级性，并强调阶级分析的方法和典型调查的突出意义，这是本书不同于国民党统治区统计著作的突出特点。

1949 年 3 月 11 日毛泽东在《党委会的工作方法》一文中提出了党委会必须做到“心中有‘数’”的问题。他说：

“对情况和问题，一定要注意到它们的数量方面，要有基本的数量的分析。任何质量都表现为一定的数量，没有数量也就没有质量。我们有许多同志至今不懂得注意事物数量方面，不懂得注意基本的统计、主要的百分比，不懂得注意决定事物质量的数量界限，一切都是胸中无‘数’，结果就不能不犯错误。”

毛泽东在这里阐述了调查研究的一个重要方法：要正确地反映客观实际，不仅要把握事物内部的规律性，还要把握决定事物质量的数量界限。不把握事物的数量，不掌握事物的基本统计和主要百分比，就无法认识事物的质量，不能把握事物的本质。要正确地反映事物的本质，就必须做到胸中有“数”。毛泽东以土地改革为例指出，对地主、富农、中农、贫农各占人口多少，各有多少土地，这些数字必须了解。对何谓富农,何谓中农,有多少剥削才算富农,否则就算富裕中农,也必须找出一个数量界限。

随着解放事业的进展,毛泽东注意到统计工作越来越重要,把对客观事物的数量分析,引进到调查研究的理论中来。

全国解放后,统计工作就成了政府的一项必不可少的工作。

第二章

统计工作方向的确立

一、解放初期的统计工作

毛泽东在调查研究中加入并突出了统计的概念，号召全党必须重视统计工作。随着解放事业的进展，统计工作在新解放区迅速建立起来。1949 年 10 月，中央人民政府政务院财政经济委员会设立统计处（以后改为统计总处），下设工业、农业、基本建设、贸易等组。

1950年初,在政务院文化教育委员会设立统计处,负责整理、搜集文教、卫生统计资料,推动文教卫生部门建立统计工作。

全国解放后,根据恢复国民经济的需要,不少部门设立了调查统计机构,进行了大量调查统计工作,涉及物价、生产、流通、居民生活等各个方面。这些调查统计多为老解放区传统的典型调查,但强化了统计的内容。1949年北京市的工商行政管理部门对资本主义工商业和个体手工业、商业进行了普遍调查,其他地区和部门也都不同规模地收集了各方面的统计资料。有些地区和部门对国民党政府遗留下来的统计资料进行了重新整理,但是并未形成全国或地区统一的统计工作,各地区和各部门的统计都是独立、分散进行的。即使在同一地区,各部门也都各搞各的统计,没有统一的组织与协调。因此各项统计重复进行,内容、时间和指标及其含义互不一致、互不衔接,难以综合整理出反映全国整体情况的统计资料。各地区、各部门进行的统计调查,多为一次性的,即根据当时研究问题的需要,调查社会经济现象的某一方面,几乎没有进行连续性的观察。调查材料也缺乏系统积累,不能据以了解这些现象发展变化的过程。这些资料也未加以很好保存,随用随丢。需要再用这些资料的时候,往往要另起炉灶,重新搜集。

这样多头分散的统计工作,当然不能适应当时党内集中统一体制的需要。

造成这种情况的原因,是各地区、各部门虽有建立统计工作的愿望,却缺乏建立统计工作的办法。这与新解放区还是大量英美数理统计学派的书籍充斥，而中央政府也还来不及提出对统计工作的整体意见有关。

当时，东北的统计工作，却出现了另一种局面。

二、东北统计工作的统一

东北的统计工作，在1950年4月以前，也经历过分散的、混乱的局面；但在1950年4月10日东北人民政府发出《关于加强统计工作的决定》以后，迅速开创了统计工作的新局面。《决定》指出：

“1. 为了加强东北统计工作，成立东北统计局。各省市政府，也都成立统计局，受东北统计局业务的指导。各部局、各机关的统计部门(处、室或科)除受各部局、各机关首长的领导外，同时受东北统计局业务上的指导。

“2. 各部局、各机关、企业必须按规定时间向东北统计局提供各种统计资料。

“3. 为了规定统一的调查报告制度，东北统计局应对各部局现行的统计报告表格加以审查，注意统计报告的统一和简化。

“4. 东北统计局须根据东北人民政府的指示，指导东北境内的调查统计工作。各省市、各部局必须遵守东北统计局关于调查统计报告工作方面的规定。

“5. 责成东北统计局检查与纠正乱发调查统计表格之现象。”

《决定》的第一条确立了东北统计机构的组织原则，第二条及第四条规定了统一的统计报告制度,第三条及第五条规范了统计表格的统一审查问题。这五条都是做好统一统计工作的条件。《决定》发布后,东北的统计工作开始由分散走向统一,由混乱走向正规。

东北的经验,为建立全国统一的统计工作开了一个好头。

三、统计工作方向的确立

新中国的政体是集中统一的。解放初期统计工作的局面当然不能适应政体的需要。而且国民经济恢复时期结束以后,从1953年开始,中国将实行计划经济。计划经济必须有集中统一的统计工作的支持。集中统一,是当时中国统计工作的方向。

在国民经济恢复时期,中国的统计出版物,多数都是解放前统计教科书的翻版。解放初期新出版的统计书籍,都是由原来的数理统计学派的学者编写的,也崇尚数理统计学派的理论。这种统计思想并不适合中国实行计划经济的需要。中国的统计工作应该遵循什么方针,明确哪些任务,采取什么方法?这些有关中国统计工作方向的问题必须解决。1951年7月,中央财政经济委员会召开中国财经统计会议(以后改称第一届全国统计工作会议)。这次会议是讨论新中国如何建立统计工作的会议。中财委副主任李富春到会作了重要讲话,对新中国的统计工作提出了全面的意见。

关于中国统计工作的方向,李富春说:

“我们要建立国家的管理和国家的监督,统计工作是最有力的武器。国家的经济工作、建设工作、计划工作，如果没有正确的数字与核算，便无法进行；要有正确的数字与核算，就要有统计工作。

“过去，中国是个半封建半殖民地的国家，是没有统计工作的。旧中国的统计是向英美资产阶级学习的。这种统计，不能作为我们的武器，它对于我们实行国家的管理与监督是不适用的。因为它是形式主义的，它的目的是为了增强剥削工人阶级与劳动人民，为了替将要垮台的资本主义经济粉饰一个假繁荣的面貌来欺骗人民。这种统计的观点、理论和方法，如不加以改造，对我们人民的国家是无用的。

“我们要实行国家的管理与监督，是不能依靠资产阶级统计学的。所以人民的国家要建立统计工作，只能向苏联学习社会主义的、为马列主义所武装的统计学。只有这种统计学，才是认识社会的最有力的武器。我们要建设新中国的统计，做到正确的核算，使国家和人民真正了解情况，从而决定政策、制定计划，就非向苏联的为马列主义武装的、科学的统计学学习不可。我们对英美资产阶级的统计学，要用马列主义的观点和方法加以改造，这是我们中国统计工作者思想上一个很大的问题。我们的统计建设工作，首先应当从思想上肯定，学习苏联的马列主义统计学，批判英美资产阶级的统计学，在统计工作的思想领域里，同样要实行毛主席所说的‘一边倒’的政策，这是第一个问题。

“我们学习了为马列主义所武装的社会主义的统计学，应该把它与中国社会实际情况、中国统计工作的实践相结合，这也就是在统计工作中如何贯彻毛泽东思想的问题。如果不解决这个问题,则将要犯教条主义、经验主义的错误。如何把先进的统计理论与中国社会实际情况和中国统计工作的实践相结合,克服与防止统计工作中的教条主义和经验主义,是第二个问题。”

关于统计工作的任务与方法,李富春指出:

“统计工作的任务有两种:一是如何根据中国的实际情况来进行统计;二是统计工作本身的建设任务,就是如何在社会经济的逐步发展中,在建设工作的逐步发展中,逐步地把统计工作建立和发展起来,直至成为全面的、科学的统计工作。这是中国统计工作的发展过程和建设过程。当我们的统计工作要为着有计划的建设国家并为着社会主义的前途服务时,同样地,统计本身也就为着建立先进的、全面的、科学的统计工作这一目标奋斗。

“首先在五种经济成分中占重要地位,而且能够及时地实行全面的、科学的统计的,是国营经济。它是社会主义性质的经济,是先进而发展的经济。因此,我们首先要从国营经济着手,建立全面的、科学的统计。我们首先要掌握的情况,也是国营经济的情况。在中国这五种经济并存仍有大量的私有的个体经济存在的情况下,我们还不能搞全面的、科学的统计制度。

“我们必须从实际着手,逐步向全面的、科学的统计工作目标前进;而不是离开实际情况,空喊全面的、科学的统计工作。我们全面的、科学的统计要先从国营经济开始,再向半社会主义性质的合作社经济及公私合营经济扩展它的领域。我们要不要了解其他经济成分的实际情况呢？要的。我们除了建立科学的统计制度外，必须根据实际情况，想出其他的研究办法，这种办法就是毛主席几十年来所采用的典型调查，开调查会的方法，并利用从税务、银行、同业公会等等方面搜集来的材料，加以研究分析，做出适当的结论。

“中国的经济情况复杂，统计的武器要多，只有一种武器是不高明的，也是不够用的。除建设科学的、严格的统计外，同时要利用各种不同的武器，来进行工作。这不是使用落后的统计方法的问题，而正是把现有统计工作提高一步和与实际情况相结合的问题。”

关于统计机构和统计干部问题，李富春指出：

“必须根据经济情况和地区的不同情况有重点地建立统计机构。统计干部很少，首先应从国营经济着手，下面没有基础，单把大行政区的统计机构建立起来，仍是行不通的。因此，不能只在大学或专科学校培养高级统计人员，而且要在一定的要求和统一的教育计划下，由各省、市、大行政区根据实际情况，分工培养基层统计人员，不要专从大学统计系着手，初中、高中毕业生都是可以培养的。只有基层工作做好了，才能得到可靠的材料。”

全国统计人员，按照李富春的意见统一了思想，沿着党中央、政务院指出的道路前进。

第三章

学习苏联统计理论，批判“资产阶级”统计思想

明确了统计工作的方向以后，全国各级统计机构迅速改组，并充实了工作人员。全国各级统计干部，掀起了学习苏联统计理论，批判资产阶级统计思想的高潮。

一、学习苏联统计理论

对苏联的统计理论，我国的统计干部原来所知甚少。学习苏联

的统计理论，首先要懂得什么是苏联的统计理论，它与英美数理统计学派的统计理论区别何在？新中国成立后，一批苏联比较著名的统计教科书首先由东北统计局翻译出版，主要有：

廖佐夫：《统计学原理》

叶若夫：《统计学教程》

奥斯特洛莫夫：《新统计学概论》

沙文斯基：《工业统计学教程》

此外，苏联报刊上的统计文章，也有不少被翻译过来发表在定期刊物《东北统计工作》上。

在翻译苏联统计文章的同时，《东北统计工作》还介绍了苏联统计工作的现实情况，诸如《苏联经济统计的意义、任务及其机构》《苏联的调查统计制度》《一个苏联中央统计局市驻在员的工作》《苏联是怎样统一和简化表格的》等。《东北统计工作》还刊出了一些介绍苏联统计基本知识的文章，包括林里夫的《统计工作的阶级本质及其终极目的》《东北统计工作》编委会的《没有数学知识能否做统计工作》《苏联是否有完整的统计理论》等。这些文章以宣扬苏联统计理论的基本知识为主，也涉及到对英美统计思想的批判。

东北大区行政委员会撤销后，国家统计局统计出版社又翻译了苏联《统计理论》一书。该书是苏联中央统计局组织27个统计学家集体编写的，并经苏联中央统计局召集高等经济学院、中等统计学校的教师与实际统计工作者讨论过。该书阐述了苏联统计学的基本理论及经济社会统计的基本问题，提出了统计学是研究社会生活现象与过程的科学,批判了以大数法则、机率论为统计学基础的论点。国家统计局指定该书为全国统计干部的学习材料。

全国统计队伍掀起了学习苏联统计理论的高潮。

1954年,苏联科学院、苏联中央统计局和苏联高等教育部联合举行了关于统计学问题的科学会议。会议对解决苏联统计科学的一些根本问题具有重要意义,对消除苏联统计学界中长期存在的各种分歧意见,起了很大作用。为了总结这次讨论,在全体会议上选出了观点不同的29个代表组成的委员会,草拟《会议的决议草案》。《草案》发给出席会议的所有人员,广泛征求意见,并根据意见对《草案》进行了修正。原文发表于苏联《统计通报》1954年第5期。在我国,经国家统计局翻译后,发表于《统计工作通讯》1955年第2期。

会议对统计科学做出了如下结论:

——统计是一门独立的社会科学。统计学也研究自然和技术因素对于社会生活的量变的影响,研究社会生产的发展对于社会生活的自然条件的影响。

——统计学的理论基础是历史唯物论和马列主义政治经济学。统计学依据这些科学的原则与规律,表明具体的大量社会现象的量变,并说明它们的规律性。

——统计科学用一系列的范畴、指标和专门的方法阐明它所研究对象客观的性质和特征。统计学中的范畴、指标和方法是科学认识和实际活动的基础。

——统计学根据它所研究的对象的性质和根本特征,制定专门的研究方式和方法（大量观察、分组、综合指标等等）。这些方式、方法总合起来构成了统计学的方法论。

——统计学在某种情况下有效地运用着数理统计的方法，包括概率论在内。

——除了作为社会科学的统计学以外，还存在着物理统计学、力学统计学等科学知识部门，而且在日益发展着。这些统计知识部门，无论就其对象的性质或就其所应用的方法来讲，都和作为社会科学的统计学根本不同，因此不能把它看成是统计学的一个部门。在物理学、力学、天文学及其他自然科学的领域中广泛运用着数理统计学，而数理统计学却是数学的一部分。作为社会科学的统计学和研究自然界的诸科学之间的联系表现在这一点，即统计学在研究社会现象的同时，也研究它们同自然现象的相互联系；另一方面，自然科学在研究自然现象时也应用某些统计方法。

在学习苏联统计理论的大量书籍以后，统计人员又学习了《苏联统计学科学会议决议》。苏联关于社会经济方面的统计理论已经植根于国内统计人员的心中。

苏联全新的统计理论虽然已经深入统计人员的内心，但是为时尚短，而旧中国引入的英美数理学派的统计思想，不仅远未消散，还改装后走进新中国的出版界和讲坛。为了消除这些统计思想的影响，就掀起了批判它们的高潮。

二、批判"资产阶级"统计思想

批判社会经济统计领域中的英美数理统计学派的思想,1952年《东北统计工作》就开始了。过庚吉在该刊1952年第3、4号合刊上发表了题为《反对散布资产阶级统计思想的毒素》一文,对立信会计用品社出版的金国宝《工业统计学原理》和邹依仁《工业统计》进行了批判。过庚吉认为,这两本书,是"在苏联统计理论的掩盖下,以产品质量的检查和管制为据点,散布资产阶级统计思想的典型。"过庚吉以沙文斯基的《工业统计学教程》为依据,认为这两本书,抄袭了沙著的若干内容,又把最近资产阶级统计学中的时髦理论拼凑进去,形成了马列主义统计理论和资产阶级统计理论的混合体,模糊了无产阶级统计和资产阶级统计的界限,借以蒙混读者。

《东北统计工作》还发表了方秉铸的《从指数上看资产阶级统计思想的虚伪性》和冯杞靖的《洗净统计思想中资产阶级遗毒》等文章,对"资产阶级统计思想"进行了猛烈痛斥。

对资产阶级统计学在全国范围内的批判,则是从铁华、刘新的论文《论统计学的对象及其科学基础——评勾适生著〈统计学原理〉(上册)》一文开始的。此文首先发表在《新建设》1951年第4卷第5期上。文章从统计学的研究对象,统计学的科学基础,统计学原理的内容等三个方面,对勾著进行了系统的批判。

(一)关于统计学的对象

勾著认为："数的现象或者说现象的数的方面，都是数学和统计学所要研究的对象。统计学在本质上是数学的应用或应用的数学。所以说，统计学是一门自然科学。"

论文作者则按照苏联的口径，肯定统计学是一门社会科学，它研究社会经济的现象和过程，并把它们用数字表现出来。而这些数字则是以全面分析社会经济关系为基础所搜集和研究出来的。

论文作者还认为，由于把统计学的对象只看成是"现象的数"，是所谓"大量现象"，因此勾著把统计学作为一种纯方法的科学，一种普遍的原理。这种抽掉事物质量上的特点而做出的一些共通的"原理"和"方法"，只能是一种毫无实际意义的抽象。

(二)关于统计学的科学基础

勾著认为："到现在为止，大多数的统计学著作都以概率为统计学的基础，事实上若是把概率抽掉，恐怕很多的统计学著作就成了空架子了。"勾适生坚持概率是统计学的基础之一。

论文作者认为，统计不能脱离政治经济关系的本质。政治经济理论的分析要先行于以统计资料为基础的具体分析。统计学的理论基础是马列主义政治经济学。

论文作者还认为，在马列主义统计科学中，广大的领域都是用全面调查或其他非全面调查来进行的。许多统计指标的研究与计算，同概率论没有任何联系。统计学的方法论基础是辩证唯物主义和历史唯物主义。

论文作者指出,勾著序言中也提到了统计学要运用唯物辩证法,但在全书中并没有谈到辩证唯物主义或历史唯物主义的应用。把马列主义仅仅装饰在著作的序言里,对广大读者是有害的。

(三)关于统计学的理论内容

论文作者认为,统计学应该阐明关于研究社会经济现象过程的原理和方法,阐明关于国民经济发展的数字资料的搜集和研究的基本原理和方法。这些原理和方法决不是勾著所介绍的纯数学的运用公式,而是一刻也不能离开统计学研究对象的本质的。

论文作者指出,统计学原理应该说明如何组织进行调查,如何进行对材料的归纳和整理,如何进行统计分析等。所有这一切,勾著中却通通没有谈到。统计学原理与统计工作的实践是密切结合而不能分离的。统计学指导着统计实践,又为统计实践所考验、所丰富。勾著不是来自统计实践,要把它应用于统计实践也就不可能。

当时中国公开出版的综合类和财经类刊物很少,印量不多,所以铁华、刘新的这篇文章在社会上的影响不甚显著,但对院校统计学界触动较大。

新中国成立后的前三年中,仍然广泛地流行着英美的统计理论,公开出版的国人编写的十来种统计学教材,主要还是介绍英美数理统计学派的理论和方法。为此,徐前和刘新在《新建设》1953 年 1、2

月号上发表了《关于资产阶级统计理论的批判》一文，对英美统计学的对象、理论基础和方法进行了全面的批判。这是对勾著批判的延伸。文章指出，英美统计学者认为统计学是“通用的科学”“方法的科学”；而马列主义统计学的研究对象只能是社会现象，不能同时包括自然现象。统计学只有在研究社会现象时，才逐渐成为一门独立的科学。英美统计学认为概率论是统计学的基础，而马列主义统计学的基础只能是历史唯物主义和马列主义政治经济学。文章对英美统计学的分组法、平均数和指数理论都进行了批判。

这篇文章，在苏联统计学科学会议召开后，又根据会议决议加以改写，发表在《统计工作通讯》1955 年第 8 期上。自此，在全国范围内掀起了批判资产阶级统计思想的高潮。《统计工作通讯》发表了几篇较有影响的批判论文。

胡代光在《统计工作通讯》1955 年第 10 期发表了《肃清资产阶级统计思想的流毒》一文，着重对把统计学看作是方法论科学的观点进行了批判。胡代光指出，这种观点，在统计学界仍然普遍存在，不仅反映在统计学著作中，而且反映在某些经济学著作中。

文章作者指出，把统计学看成只是一种方法论的科学，实质上否定了统计学本身所固有的研究对象。无对象的科学是没有的。根据特有的研究对象的性质，才能确定其特有的研究方法；否则就不可能认识复杂多样的客观世界。

作者认为，资产阶级统计学者所以会有这种认识，是由于他们把社会和自然的一切现象及其变化过程都看成是某种混乱的偶然堆积,而只有人类的意识带有一定的规律性。他们把统计学看作是一种关于自发的偶然过程的科学,仿佛借助于统计,人类意识才能把混乱堆积着的没有客观内在规律性的一切事物现象加以整理,从而赋予统计学以一种工具的作用,把统计学当作一种方法的科学。

作者认为,把统计学看成是一种方法论科学,是企图用统计方法体系去代替作为科学认识世界的辩证唯物主义的客观方法。但统计学在研究其对象时是以辩证唯物主义的方法为依据,应用自己所特有的研究方法如大量观察法、分组法、综合指标法等。统计学的方法论,只有根据辩证唯物主义和历史唯物主义的原理,应用在自己特有的研究对象上,才具有独立的意义。

作者指出,把统计学看成一种方法论科学,必然会造成不问政治的倾向,抹杀阶级性。有人仍然引用旧中国按形式标志把农村人口分为自耕农、半自耕农、佃农等,企图直接用来说明旧中国土地集中和农村阶级分化过程。但在自耕农中包括有贫农、中农、富农等,甚至还有经营地主;在半自耕农和佃农内,同样包括各种不同的阶级成分。对人口按阶级和社会集团进行分组,必须以马克思主义阶级学说为依据,否则,统计分组就会歪曲客观真实情况。

作者认为,对资产阶级统计资料不加批判地改造利用,还表现在对 1933 年国民收入统计材料的利用上。这个材料把非物质生产部门也算成是创造国民收入的部门,这是资产阶级违反社会再生产的科学理论,企图通过歪曲国民收入的经济实质,和歪曲国民收入分配资料来为资本主义辩护它所一贯玩弄的反科学统计方法。

作者还就指数编制方法问题，对陈其鹿《初级统计学》，谭启栋《森林统计分析》，以及邹依仁《新统计学名词公式表格汇编》等著作中提出的指数公式进行了批判。作者认为，综合指数公式是社会主义统计中编制指数的基本形式。而资产阶级统计中罗列的指数计算方法，都是数学形式主义的东西，目的无非为了歪曲资本主义社会的真实情况。

王正宪在《统计工作通讯》1956 年第 16 期上发表了《对于几本统计学原理教材的一些意见》，对统计学原理教材中存在的"资产阶级思想"影响，进行了批判。文章所批判的统计学著作，包括：李祥煜《实用统计学》、朱祖晦《统计学教程》、陈其鹿《初级统计学》、方乃和《实用统计》等。这几本书都是解放后新出版的。文章作者指出，这些书虽然标榜为"是根据马列主义的立场和观点编写的，但事实上是根据纯技术观点编写的，很难找到对马列主义统计理论的阐述。""只是罗列各式各样的方法，既不指出哪种方法是主要的，哪种方法是次要的，也不讨论在什么情况下应当应用什么方法，以及应用某种方法时应当注意什么，容易犯什么错误。"

作者指出，有的书介绍了平均数，但对平均数的方法论只是轻描淡写地提及，对几何平均数专门介绍计算方法而不涉及应用。这类只能成为通用统计手册的书，很难使读者据以对统计资料进行马克思主义的分析。

作者认为，统计学的研究方法一是大量观察法，但在《实用统计学》中的说明是混乱的。它一方面说"统计学的特点就是对于有一定的共通性和同类性的个别事实作大量观察”;但又说“统计学不是观察个别的和偶然的事实,是要努力找出我们研究的现象在一定时期所有的规律性和法则性”;紧接着又说“统计学的任务是一方面要从数量方面去观察各种偶然的事实;同时更要测定出所研究的整个总体中具备的规律性和必然性”。书籍作者还说“作为社会主义实际建设工具的统计,应当用先进经验的个别例子来补充指标……”如此混乱的叙述,使读者无法明白统计学究竟是否要研究个别的或偶然的事实。

文章作者指出,统计学是研究社会现象的,统计学的任务便是要从数量方面,联系质的内容,通过偶然性来认识必然性。统计学应用大量观察法,以免其研究结果为偶然性所左右;“但无论如何,统计学仍然要与个别的和偶然的事实打交道。因为在大量观察的过程中,统计学要对个别的,即使是含有偶然性的变量进行逐个的登记和计算,目的是为了要找出大量过程的规律性。同时,有时即使是个别的事实,但如果是属于本质的,统计学也要加以研究。因为经过一定时期,本质的、个别的现象必然会转化为一般的、大量的现象。”

文章作者接着谈到分组法,并着重谈了列宁在《俄国资本主义的发展》一书中所采用的再分组法。作者提出,一般教科书在讨论分组法时往往把再分组法作教条式的介绍,至于对再分组的目的、应用条件如何,都是略而不谈,有的甚至加以歪曲。

文章作者认为,列宁的再分组法是用于比较和归纳不同地区的统计资料的。如果只是一个地区的统计资料,应用再分组法就无意义。再分组法只能用于已经用某种标志分组的资料，因为原来的分组标志缺乏科学根据，而且各区域之间分组标志互不一致，这样就必须进行统一的再分组。

文章作者认为，再分组法具有假定的成分，也必然会产生小的误差。原来资料中分组的数目越少，误差越大。

文章作者认为，再分组法是在分析历史资料和其他既不可能从事调查，也不可能得到原始资料而必须利用已经归纳的、但不是按照正确标志分组的资料时才能应用。在一般初级教材中似乎不必加以介绍，如要介绍，应将其特点、用法、应用条件等做出说明。但好些统计教材的编者没有理解列宁再分组法的意义，而错误地加以介绍。

文章作者提出，在马克思主义统计分组法之中，类型分组法最为重要。平均数方法如果不建立在类型分组法的基础上，便易产生总体的同质性问题，而得出列宁所说的"虚假平均数"。但类型分组法的这种重要性，并没有体现在这些教材中。

作者最后指出，我国目前出版的某些统计学原理教材存在许多严重的缺点。统计学界必须积极学习苏联统计科学，使我国统计教材的编写工作，提高到新的水平。

所有批判文章的显著特色是首先肯定苏联的统计理论是正确的，然后以"资产阶级的统计理论"相对照，凡是不符合苏联统计理论者，一一加以痛斥，至于苏联的统计理论为什么是正确的，"资产阶级"的统计理论为什么是错误的，则缺乏具体说明。这些文章发表后，就掀起了批判"资产阶级统计理论"的高潮，先是集中在统计学的对象上,否定统计学是一门通用科学,认定统计学不是一门方法论的科学;以后又扩大到分组法、平均数、指数理论等统计方法的讨论上。几乎所有论文都倒向一边。一些被批判的作者也都认为自己著作受严重的资产阶级统计思想的影响。邹依仁教授还从统计学历史的发展来批判自己著作中的错误。金国宝、王思立等都进行了自我批判。

依照苏联的统计理论,它只反对数理统计学派的统计学,认为数理统计学派的统计学是一门伪科学;但它不反对数理统计学,因为它认为数理统计学是一门科学,但是数理统计学是数学的一个分支,不属于统计学的范畴。苏联的统计理论,只认定统计学是研究社会经济数量表现的科学。但中国有的批判文章,不但批判了数理统计学派的统计学,连数理统计学也牵扯进去了。但中国的数理统计学家,如许宝騄、魏宗舒等,对此从未发表过意见。不管你是反对数理统计学派统计学的或支持数理统计学派统计学的,中国真正研究数理统计学的学者,对这些问题是从未加理会的。

第四章

统计思想的一度活跃

学习苏联理论和批判“资产阶级”统计思想的结果，使中国统计学界普遍推崇苏联统计学，排斥数理统计学派的统计学，拒绝数理统计学在社会经济领域中的应用，基本上统一了全国统计人员的思想：

一、只有马列主义指导下的统计学才是统计学，而苏联的统计学理论就是马列主义的统计学。统计学是一门社会科学。

二、统计学不是属于方法论的科学，而是研究社会现象的数量表现的科学。

思想统一以后,中国统计的实践走上了为计划服务,为领导服务的道路。但是也产生了一些问题:

把苏联通行的统计理论等同于马克思主义的统计理论,把英美国家的统计理论统通归入资产阶级统计理论。这就闭塞了耳目,对英美国家统计理论中一些好的、有用的东西也一概否定了。

数理统计学本来是一门独立的科学,不论对它如何否定,数理统计学在国内外依然继续发展着。但在中国基本上没有应用于社会经济领域。

因为是马列主义的统计学,为社会主义服务的统计学,因此,把学术问题的争论同政治问题挂上了钩。谁要对苏联的统计理论有不同意见,哪怕是局部的、个别的意见,就视为是反马克思主义、反社会主义的言论,全国统计学界群起而攻之。

其实这个问题在苏联的意见也还并不统一。梅列斯捷和德鲁日宁都反对1954年苏联统计科学讨论会所作的结论。梅列斯捷认为统计学是一门社会——自然科学,即位于社会科学和自然科学交界上的边缘科学;德鲁日宁则一向认为统计学是一门方法论科学,不过他把统计学作为科学方法仅限于社会经济领域。

中国的统计学界比苏联统计学界还更加坚定地统一地拥护苏联统计科学讨论会的结论。但只要中央的政策有变化,这种认识也很快会有所改变。

1956年1月,中共中央召开知识分子会议,提出了“百花齐放、百家争鸣”的方针,这对繁荣学术提供了有利的条件。统计界也打破了

“万马齐喑”的局面。

1956 年 3—4 月间，国家统计局着手草拟《1956—1965 年统计科学研究规划(草案)》，提出了几十个研究课题，包括马克思主义统计理论的研究和西方国家统计理论的研究，以及统计史的研究等。这是内部拟定的，还没有公开发表。接着《统计工作》编辑部在 1957 年第 2 期《统计工作》(1957 年开始，《统计工作通讯》改名为《统计工作》)上提出了《统计科学研究讨论选题》，列出了 90 多个统计方法论方面的问题，提请全国统计界讨论。

这一年，国家统计局由孙冶方副局长邀请当年从欧美和日本回国的统计界、数学界人士座谈，考虑由统计出版社出版一批介绍欧美统计理论和方法的学术著作。1957 年国家统计局统计出版社的《选题规划》中包括了汉森《抽样理论与方法》、吴半农《近几年来西方统计学界现状》等译著和著作。

这一年，还准备成立中国统计学会，拟议中的会员名单，包括一些留学欧美的老一辈数理统计学派的统计学者，如陈达、王仲武、金国宝、邹依仁等。

随着思想的解放，对苏联统计理论中的一些计算方法问题提出了质疑，并进行了讨论。

一、关于工业总产值问题的讨论

在《统计工作通讯》1956 年第 17 期上，国家统计局以“本刊编辑部”的名义发表了《在工业总产值计算方法中需要讨论的几个问题》一文。文中说,工业总产值的计算,问题不少,并不切合中国实际。各方面早有意见,尤其是计划部门意见很大。这篇文章,提出现行的工业总产值计算方法,在计算工业与农业以及工业内部各部门的比例关系时不能反映中国经济的实际。例如,按1952年不变价格计算,我国1954年的工业总产值为52亿元,而农业总产值为51.5亿元,工业在工农业生产中已逾半数,但我国仍是一个农业国。原因是,除采用的不变价格存在一些问题外,由于用工厂法计算的工业总产值包括了很大一部分转移价值,而农业总产值中的转移价值较小。上述情况是由于工厂计算法本身存在问题呢,还是对工厂计算法的应用有错误?为改进计划和统计方法,因此提出作进一步的讨论。

在同一期上国家统计局还以“本刊资料室”的名义刊出了《关于工业总产值计算方法的资料》一文,将已经发表的对工业总产值计算方法的意见作了归纳整理。文章还介绍了工业总产值在苏联的运用情况:

1. 编制计划和检查计划;

2. 计算工业发展速度和增长速度;

3. 计算部门构成、轻重工业比重、工农业比重、社会主义成分比重等;

4. 计算工业平均劳动生产率;

5. 与外国进行对比;

6. 编制国民经济平衡表和计算国民收入。

文章还着重介绍了苏联斯特鲁米林和莫斯克文对现行工业总产值计算方法的不同意见。

讨论的结果，可以归纳为以下三种意见：

1. 只有按工厂法计算的总产值才能正确地反映工业生产的实际情况。

2. 用工厂法计算的工业总产值不能正确反映整个工业生产的实际情况。工厂计算法是合乎企业生产的实际情况的。如果把工厂计算法的原则正确运用到全社会，那么，工业总产值就不应该包括工业内部的重复计算，而应该是工业部门所提供的社会最终产品（不变资本＋可变资本＋剩余价值）的总额。

3. 反映社会生产规模的指标不应该用各企业产量相加之和的总产值，也不应该用消除了部门间重复，但包括前后期重复即所谓年初实存并在本年度生产过程中消耗的原料、燃料和固定资产磨损的总产值，而应该用这一时期内新创造的价值，即净产值。

问题是作为改进计划和统计的方法提出来的，但讨论几乎都围绕着总产值与净产值指标的利弊展开。只有孙冶方明确地主张以“利润”作为计划和统计的基本指标，并对包括中国、苏联在内的社会主义国家实行的一套只重数量、速度，不注意经济效益的计划统计方法提出了批评。

在 1957 年第 13 期《统计工作》上，孙冶方发表了《从“总产值”谈起》一文。

孙冶方认为，总产值指标的最大缺点在于它不能适应企业管理，即生产的需要。因为总产值包含新增价值和转移价值两部分。但是评估企业的生产成绩,不是指的转移价值部分,而是新增价值部分。总产值指标不能反映企业生产的实际情况,不能根据它来评定企业工作的好坏。

总产值指标也不能正确反映企业生产的规模。

总产值指标不能推动生产者节约原材料,以致于把很贵重的材料极不相称地用在普通的产品上。因此,总产值不会推动企业制造轻巧、灵便、价廉、物美的产品,而只会推动企业制造笨重、价贵的产品。

孙冶方提出,总产值指标是按不变价格计算的,而企业的一切财务会计账目都是按现价计算的。这就更加使总产值脱离了实际。不变价格的总产值与现价的总产值差异很大,有的厂甚至相差1～2倍。依靠它来管理企业的财务当然不行。发展国民经济的目的是要增加社会的物质财富,即使用价值。然而使用价值不好相比,只能借用货币这个共同的尺度来计算。但必须去掉价格涨落的因素,把它固定在一个水准上,来观察物质财富的增长速度。因此,企业有两本账,一本是大账,是为了决定政策,编制国民经济计划,观察各部门之间的比例关系,研究动态数列之用的,这本账着重于物量的变化。另一本是细账,这是以现价计算的有关资产、成本、利润、工资等企业财务管理不可缺少的财务会计账。

孙冶方指出,国家虽然号召要全面完成计划,但企业管理人员并不关心企业财务会计账,而是更多地关心"总产值"计划。因为上缴的利润定额是固定的，叫做计划利润。不论企业财务情况如何，到期银行就自动扣去了。工资标准也是不能侵犯的，减低成本不是很容易的事。因此，解决企业财务困难的关键在于流动资金定额和银行信贷。这都是照“总产值”指标计划的。只要完成了“总产值”计划便会名利双收。如果“总产值”计划完不成，即使新创造的净产值增加了，成本、利润计划也完成了，仍旧不能算是完成国家计划；而且流通资金、银行信贷都会发生问题，企业财务就会发生大问题。造成了许多虚假现象和假报告。

因此，孙冶方认为，以不变价格计算“总产值”，是整个国民经济中算大账的指标，用来观察企业经营管理的好坏，尤其是代替或钳制了企业财务管理的会计账是不合理的。计划统计方法有改进的必要。

怎样改进，孙冶方提出四条基本原则：(1)应该能推进企业管理，而不是牵制它。(2)计划统计指标和企业管理所依据的财务会计两本账应统一起来。(3)计划统计指标不能偏重于反映使用价值，而应兼顾劳动消耗量即价值的计算。(4)中心指标应该是企业管理的一个中心环节，能带动其他指标。

孙冶方说，总产值指标不符合上述原则。过去之所以不采用“净产值”指标，是由于计算不变价值的“净产值”在技术上有困难。但不变价格对企业管理用处不大。如果企业的年度计划按现价编制和检查，五年计划用的不变价格数字，可通过企业年度计划的现价数字，用折算办法取得。这样就可以将两本账合成一本账而节省不少人力。

用净产值做计划,不会发生原则上的问题,只是计算技术上有困难。但提到用利润做计划的基本指标,就发生了原则性问题了。

孙冶方认为,其实,为了编制和检查企业生产计划,净产值和利润没有原则上的差别,后者比前者多扣除一个工资。利润是企业经营好坏最集中的表现,尽管社会主义生产的目的与资本主义根本不同,但有利于企业经济核算的方法,不能因为资本家曾经使用过而不敢使用。

把利润作为计划和统计的中心指标,会不会造成企业管理人员唯利是图,不顾国家利益,造成市场混乱呢?

孙冶方认为,基本上不会。因为除了把利润作为中心指标外,并不取消其他指标。其次,唯利是图的资本主义经营思想只有在价格不合理,没有市场管理条件下才有表现可能。如果确立合理的价格,并能定期调整,市场管理得好,就无空子可钻。

利润指标的最大好处就在于它反映了生产的实际情况,能推动企业管理。完成这个指标不会妨碍其他指标的完成,还能推动其他指标的完成。

孙冶方指出,采用利润作为中心指标,必须考虑以下问题:

一是价格政策问题。正确的价格政策应以价值为基础,轻重工业的利润(按资本利润率计)大体应该相近,国家的积累可多用税的形式取得。把税同利润严格地区别开,是有利于经济核算的。

二是应多注意对固定资产的核算。当前企业固定资产的估价很混乱，无法进行正确的成本核算。固定资产的盘存和重估价是一件非常复杂的工作，过去主要是从财政观点来赞成或反对，其实更重要的是应从企业的经济核算观点来看问题。轻视固定资产核算的另一表现是不主张计算资本利润，只主张计算成本利润。在重工业部门中，开始消耗活劳动以前，必须比轻工业部门积累更多的物化劳动（固定资产），目的是使自己的活劳动能有更大的生产率。如果资本有机构成高的重工业工人的劳动生产率不比轻工业工人高，就犯不上投那些资本了。如果对于原有的固定资产的价值不会很好计算，必然会忽视对于新增固定资产和投资效果的计算和分析。

三是必须有正确的折旧政策，现在折旧年限在 30 年左右。只考虑物质的磨损而不考虑无形磨损。每一种机器在开始制造时价格一定较高，后来随着生产技术的提高，价格必然会逐渐降低。而在 30 年到 60 年之间，价格一定跌得很厉害。由于同一用途的新型机器的发明和制造，原有的旧型机器也会大大降价甚至废弃不用。因此，当机器的物质形式尚未陈旧、尚未完全磨损以前，就会贬值，这就叫无形磨损。技术进步快，无形磨损过程也越快。资本家怕因为固定资产贬值而遭受损失，把折旧率提得很高。

过去社会主义阵营是不计算无形磨损的，但 1955 年以后，这种看法受到批判，因为这会妨害设备的更新和技术的进步。

在否定无形磨损同一思潮指导下，还有一个极端有害的规定就是对于大修理的定义。大修理是不能改变设备的原来形状和基本性能的。越出了这个范围，就不叫大修理而叫“改建”或“基建”，就得按另一套手续审批。由此就产生了极不合理的事例：大修理不准进行技术更新。

不考虑或少考虑投资效果与否认价值规律的理论是一脉相承的。在社会主义建设初期，必须强调对一切设备的爱护和保养，这样经过若干年后，历次耗费的大修理费已经超过了买一个新式机器的钱，而且老机器也确实换过全部零件，但是它的性能（生产率）仍旧很落后。这样，从爱惜人力、物力开始却走到了浪费人力、物力的终点。

孙冶方最后说：这基本上还是通过社会必需劳动量的计算来推动社会劳动生产率的增长的问题。这是一个理论问题，政策问题，也是一个统计工作者应该关心研究的重要问题。

在讨论中，另一篇比较有力的文章是国家统计局王思华副局长的《关于工业总产值的商榷》，也发表在 1957 年第 13 期《统计工作》上。文章对“工厂计算法”计算的工业总产值进行了全面分析。他说，用“工厂计算法”来计算工业总产值是因为工业企业是社会分工的基层环节。争论的问题是：从全社会看，总产值能否正确反映实际工业生产的情况？也就是，所谓社会总产品应该是各个企业产值的总和还是从这个总和中扣除各企业间周转额的净数？

王思华提出，有两个不同的问题应分别加以研究。

第一个问题，如果要表现社会产品的周转额，各企业之间的实际商品流通额，那么，社会总产品应该是各物质生产部门生产的产品的总和。社会总产品中应该包括各企业之间的产品周转额。但是社会产品总周转额不同于社会生产的最终产品总额。前者是社会中各企业之间的实际商品流通额，它是应该包括重复计算部分的。后者是一定时期内社会最后所生产的有使用价值的物质财富的总和，它是社会总资本的产品而不是个别资本的产品，是不应包括重复计算的。但它也不同于国民收入额，因为它包括着年初实存并在本年度生产过程中消耗的原料、燃料的价值和固定资产磨损额。

王思华说，按工厂计算法计算企业总产值的一个特点，是只计算企业的最后生产成果，不允许同一产品在同一企业内重复计算。如果把这个原则运用到整个工业上，同样的，在全社会内也应该计算工业最终成品，不允许同一产品在全社会内重复计算。

按工业法计算总产品，在理论上是说得通的，但在我国实际工作中，是否采用这个计算方法，则是另一个问题。

第二个问题，计算工业生产活动的成果，应采用总产值还是净产值？

任何经济指标都有它的目的性和局限性，使用不同的计算方法可以得出不同的结果。各种不同角度所观察的事物可以互相补充。但在实际工作中，计算总产值仍应采用工厂法。

王思华说，为了说明一定时期内全部工业企业的产品总量，而不仅是新创造的产品价值，只有总产值这个指标才能确切地说明问题。

社会产品都是由转移价值和新创造的价值组成的。为了反映实物数量的增长，要求总产值中必须包括转移价值，是不能用净产值这个经济指标来代替的。

王思华指出：按总产值来计算各种比例关系固然有缺点，但按净产值来计算也有问题。净产值受价格影响比较突出,本部门所创造的净产值并不一定在本部门内实现。因此,用净产值来反映各部门之间的比例关系,也是不够正确的。

随着工业化的发展,农产品转移到工业中进行加工的部分就越来越增加,从而扩大了工农业总产值中工业的比重。但这只是问题的一个方面,随着工农业的发展,工业供给农业的机器、设备、用具、肥料等也会越来越多。这在夸大工业总产值上,会起削弱的作用。

王思华说,当然,中国是一个广大农业国,对农产品进行简单的加工占了整个工业的很大比重。且中国工业企业单位多、规模小一种产品往往须经过许多企业才能制造。因此,在工业总产值中包含着很大一部分转移价值。对农产品进行初步加工,如果工序是局部的、简单的,都可以当作工业性作业来处理。即只计算其加工价值而不计算全部价值。这对防止夸大工业总产值是有帮助的。

王思华认为,为了说明我国工业化的发展程度,采用全部工业与全部农业进行对比是不科学的。而采用大工业在工农业总产值中的比重指标,更具有理论意义和实际意义。因为所谓工业化,主要是发展大工业。

根据总产值所计算的各部门之间的劳动生产率,是不能进行对比的,因为转移价值所占比重是不同的。不能单纯从静态上来研究不同工业部门间的劳动生产率,只有从各工业部门的发展速度上,从动态上来进行对比,方有意义。只是从静态上来观察,即使采用净产值这个指标,也会表现出不合理现象。在理论上用净产值来表现社会劳动生产率，也值得商榷。因为测量社会劳动生产率，应该是看一定的劳动量所推动的生产资料数量。

王思华作出结论：总之，对全社会来说，总产值这个指标可据以研究社会再生产过程中各部门间的相互联系，而且是编制国民经济平衡表的依据，这是不能用净产值这个指标代替的。在全国范围内，为了表现各种比例关系和发展速度，总产值和净产值两个指标都有缺点。用总产值和净产值两个指标同时并列，互相补充，更能确切说明问题。这在计算工作上也不会太麻烦。计划上仍可以用总产值这一指标。

至于用总产值指标来发奖金，来评定成绩，往往会使企业生产费工小而产值大的产品，而忽视品种和质量。王思华认为，这不能归咎于总产值这个指标本身。过去只注重总产值的完成情况，而忽视对品种计划和质量计划完成情况的检查，这是应予纠正的。

二、关于生产资料（甲部类）与消费资料（乙部类）划分问题的讨论

关于生产资料与消费资料的划分问题，也引起了热烈讨论。

从划分的主要目的是在于研究社会扩大再生产过程中生产资料与消费资料相互之间的生产、交换与消费等各种比例关系来看，有以下问题引起了争论：

(一)应按照企业的主要产品的用途或按照企业各种产品的不同用途来计算生产资料与消费资料?

当时工业统计报表制度规定,按企业的主要产品用途来划分。

讨论中有人认为,这个规定是合理的。因为:(1)一个机器制造厂并不因为除生产机器外,还生产消费品就不成为机器制造厂;(2)把社会产品按照经济部类分组时,不仅要以产品指标,也要以固定资产的数额、职工人数等指标来表明甲乙两部类。同时,为了不至陷于单纯的假定性计算,社会产品的分组,以每个企业作为原始单位是正确的。

有人认为,生产资料与消费资料划分的目的,既然在于观察扩大再生产过程中甲乙部类相互之间的各种比例发展关系,就应该以产品而不是以企业为单位来划分甲乙部类,就应该按照每种产品的经济用途而不是按照企业主要产品的经济用途来划分甲乙部类。他们认为,按照企业各种产品的不同经济用途来划分甲乙部类,计算工作量并不大,至于半成品、在制品的期末期初差额,采取按产品比例分摊的方法加以估算,误差不会很大。

(二)应按照每种产品的经济用途或按照每种产品的主要经济用途来划分生产资料与消费资料?

工业统计报表制度规定,按产品的主要经济用途划分。

讨论中许多人主张,应按照产品的实际经济用途而不是按照产品的主要经济用途来划分。

但在工作中，这样计算却很复杂，就企业部门和地区来说，甚至是不可能的。为了简化计算工作，有的提出，可以只计算重要产品如电、煤、油等，也可以不分企业、部门、地区来计算，只计算全国的资料就可。而全国的资料可以利用其他统计资料或业务核算资料计算。

（三）应按照产品的实际经济用途或按照产品的最终经济用途来计算生产资料与消费资料？

对此，工业统计报表制度并无明确的规定。

讨论中有人主张按产品的实际经济用途来计算。因为生产资料包括劳动对象与劳动资料两部分，既包括生产生产资料的生产资料，也包括生产消费资料的生产资料；消费资料则仅直接供应居民消费以及非生产部门消费的工业产品。这样，才能正确研究甲乙部类相互间的比例关系和甲乙部类生产与居民购买力之间的比例关系。

有人认为用产品的最终经济用途来计算甲乙部类，不应该将消费资料仅仅理解为直接供给人们的消费品，而应从整个工业来理解消费资料的定义。消费资料的生产不仅应包括直接供给人们的消费品的生产，还应包括为生产消费品而进行的一系列工业生产过程。他们认为，应该将生产消费资料的原材料生产划为消费资料而不应划为生产资料。

(四)应该以用工厂法计算的总产值还是以用甲乙部类法计算的总产值来计算生产资料和消费资料?

有人主张采用工厂计算法计算总产值,认为只有如此,才能表明各企业之间的物质联系及其比例关系,才能表明各企业之间的实际商品流转额,甲乙部类之间的实际对比关系与交换过程。

有人主张用甲乙部类法计算总产值。他们认为,乙部类的各种产品,由于不能进一步参加生产,它的物质消耗是不可能重复计算的。但是,甲部类的各种产品,从一种生产转入另一种生产时,要变成原材料或半成品,是否消除重复计算,取决于所要研究的经济问题。如果目的在于研究扩大再生产过程中甲乙部类相互之间的比例发展关系,那么就必须区分甲乙部类内部各个企业、生产部门相互间的产品周转与甲乙部类相互间的产品周转。甲乙部类内部产品周转额的重复计算是客观存在的,但对研究扩大再生产过程中甲乙部类间的比例关系是没有什么关系的。只有扣除甲(C_1)的重复因素计算,才能使甲乙部类的产品具有充分可比性。

(五)军事工业是生产资料工业还是消费资料工业?

过去把军事工业划入生产资料。讨论时有三种意见:

有人认为军事工业主要是重工业。他们可以相互转化,将军事工业划为生产资料是合理的。

有人认为,军事工业产品是不能用来进行扩大再生产的,不应划为生产资料;军事工业生产的目的在于保卫人民的集体安全,是一种集体性的非生产消费,把它划入消费资料比较合适。

有人认为,军事工业应作为一个特殊的工业部门划为一个部类。

(六)生产资料生产与重工业,消费资料生产与轻工业是一个经济概念还是两个不同的经济概念?

有的认为,是同一个经济概念。过去研究生产规模,感到生产资料在全部工业中比重过大,是由于对生产资料的内容未加分析。认为应从在扩大再生产过程中的作用,将生产资料分为生产生产资料的与生产消费资料的两部分。为了研究甲乙部类生产规模的比重与发展速度,可以不必再为重工业下定义了。

有的认为,是不同的经济概念,生产资料与消费资料是根据它们在扩大再生产过程中所起的作用来划分的。而重工业与轻工业,是根据它们在扩大再生产过程中的投资、生产周期以及技术条件等因素来划分的。重工业是指投资较大,生产周期较长、技术条件较复杂的工业。将属于生产资料生产的造币工业、轧花工业算做重工业不能令人信服。重工业可以包括生产资料中劳动资料的生产,不包括劳动对象的生产;轻工业可以包括消费品的生产以及生产消费品用的原材料的生产。

(七)如何根据马克思关于扩大再生产的原理、生产资料与消费资料之间关系的原理来制定工业部门的分类原则?

工业统计报表制度规定,划分工业部门的标准有三:(1)所使用的原料;(2)生产技术过程的性质;(3)产品的经济用途。各种工业生产是否属于同一门类,是以它们在这三个标准上的共同性来确定的。

有的认为,应严格按照"产品的经济用途"概念分类。不应将其他两个"标准"也作为划分的标志。这两个标志与扩大再生产无关。他们指出,按照三个标准,将"鞋"分别包括在橡胶加工部门、纺织工业部门、缝纫工业部门以及皮革及皮毛工业部门内是不恰当的。

有的认为,按三个标准划分是可以的,但应明确规定基本的标准是生产品的经济用途。他们认为,如只用经济用途一个标准来划分,就会将机器工业划分在各个分类中而得不到一个完整的资料。

除上述问题外,还展开了对农业总产值、工业劳动生产率等问题的讨论。这些问题都是统计报表中的问题。此外,还对统计理论中的平均数和指数等问题展开了争鸣。

这些问题的讨论有的是苏联统计界首先引起的,然后传到中国。但中国也深切感到了苏联统计理论和方法在实践中的一些问题,阻碍着统计工作的前进步伐,从而提出来进行争鸣。1955 年,毛泽东发表了《农业合作化问题》和《〈中国农村的社会主义高潮〉序言》,提出了"多快好省"地进行社会主义建设的口号,在全国范围内掀起了反对保守主义的高潮。1956 年 1 月国家统计局召开第五届全国统计工作会议。这次会议主要是检查和批判统计工作中的保守思想和脱离实际的倾向。国家统计局薛暮桥局长在"会议总结"中指出:

"统计工作中的保守主义,主要表现在方法机械,缺乏灵活性、创造性,把统计工作看成是静止的、孤立的、繁琐的东西,考虑问题时往往脱离实际，不能适应国家社会主义的需要来安排工作。”

总结指出：当前统计工作总的情况是，统计资料满足不了需要。这主要由于许多报表没有及时报送，及时整理汇总，没有根据党政领导需要及时提供经过加工整理过的完整的统计资料。专题报告太少，指标利用很差。因此，今后不是要多发报表和增加指标，而是要加强统计纪律，提早报送时间，加强统计资料的整理研究工作。根据领导需要，随时提供各种专题报告。

总结指出，统计工作必须为计划服务，必须为党政领导的中心工作服务，必须把党政领导的中心任务列入统计工作计划中。否则，统计工作就会脱离实际，失去它的政治意义。

关于统计报表中方法问题的讨论，实际上是克服统计工作脱离实际倾向的一个组成部分。因此，当时参加讨论的主要是各级统计机关的实际工作者，统计学术界和统计教学界的人士，发表意见较少。

第五章

统计工作中的整风运动和反右派斗争

1957 年 5 月，国家统计局开展整风运动，薛暮桥局长邀请京津部分经济学、统计学教授座谈，征求对统计工作的意见，把统计工作的整风运动推向社会。

意见中，有的涉及到统计工作的根本问题。例如南开大学教授林和成提出：

“统计局的一切都学苏联，这是对的。但科学不应该有国界，只要这个办法好、科学，就可以不管它是哪国的。

“学校的统计教材非常简单，充满着教条主义与宗派主义。世界上有 140 多国，不能只看苏联一国。

“任何发展了的科学都是以数理为基础的，但我校未开数理统计课程，因为学生的数学基础差，不懂外国文，甚至有的连国文程度也发生问题。他们看的是人民大学出版的几本书。我校的教材九成是人大的，人大的教材九成又是莫斯科的。用这种教材向科学进军差得太远了。真所谓坐井观天，不知天有多高。

“提高统计教学质量应该采用现代最新颖的统计方法，应该在国家现有老一代统计力量的基础上改进统计方法，应该改变现有一套关于统计的说法，取消清规戒律。应该鼓励统计界前辈说话，取消否定老年学者的态度。在学校内年老的统计学者都没有教课，教课的都是青年同志。现买现卖，总要差些。

“否定其他国家统计方法的做法也应该改变。我并不是提倡英美统计学，但在理论统计方面，英国是了不起的，在应用统计方面，美国很有成就。

“出版方面，现在可以说只有统计出版社一家，过去写书有把握，出书有把握。现在出书无把握，辛辛苦苦八九年把书写好，拿到统计出版社就退回。现在的出版业务应扩大，编辑水平也应提高。把一本书拿给陈达老先生的学生的学生去审查，是不行的。1956 年后世界上统计书籍很多，质量比以前提高不少，最好把这些书影印或翻译过来。旧版的统计书籍（如邹依仁、金国宝、薛仲三的书），可以再版，马上供应社会的需要。”

中国人民大学吴景超教授的书面发言如下：

“1. 国家统计局过去所搜集的资料，多在保密的招牌下冻结起来，以致人民对这些资料无法利用，实为一大损失。统计局的内部资料，几乎全都可以公开，而不会为国家招来损失(个人意见，除国防及外交资料外，其他都可公开)。现在对于公开这些资料的障碍，是思想上的障碍。即若干领导，思想中还存在‘民可使由之，不可使知之’的封建残余(我不说是资产阶级思想残余，因为在资本主义国家内，我们所说的许多保密资料，都是公开的)。这就造成在人民内部，有一部分人处于非常有利的地位，他们看得到这样或那样的资料，而另一部分人则什么资料也看不到。我建议，首先把统计局内部人手一册的那本统计手册，整理付印，然后把内容逐步加以丰富，使全国人民都可享受统计的果实。

“2. 国家所公布的统计，应逐步取消相对数字，增加绝对数字。相对数字，可以说是价值很少，或者可以说全无价值。譬喻说，电力完成计划的99.4%，对于老百姓来说，这个数字有何意义？99.9%的老百姓，看不懂这个数字，只有那些少数主管电力生产的人，才懂得这个数字。但是他们根本不需要从统计局得到这点知识。假如这个数字用绝对数发表，如发电若干度，意义就大得多，很多老百姓也都看得懂。利用这个绝对数，老百姓可以根据自己的要求，算出不同的相对数字。因此，我建议，以后统计局发表的数字，最好是原始的绝对数字，不必加工出一个相对数来，使老百姓看了莫名其妙。

“3. 国家统计局每年发表的公报，时间太迟，应争取上一年的总结数字，于下一年 1 月底与社会见面，至迟不要在 2 月底以后。

“4. 国家统计局与高等学校的联系，1956 年起已有改进，但还可以合作得更密切些。是否可以考虑建立一些经常性的或暂时性的研究小组，在小组中既有统计局的专家，也有各校的教学人员。有些学术性的问题，可以先在这些小组中加以讨论，提出具体办法，作为行政上的参考。这样，对于教学与统计行政，都有好处。譬如统计方法、指标体系等等，都可以设立经常性的研究小组。

“5. 地方上的统计人员应加充实，否则地方上报的统计，质量难于提高。以后分配大学生，可以考虑一些地方上的要求(特别是省市一级)。更好的办法，是把国家统计局的专家，下放一些，同时把分配来的大学生，在业务实践中培养若干年后，再行分发到各省市，使其担任一部分调查研究工作。这样，就可以把地方上的统计质量，逐渐提高起来。”

这些意见发表后，在统计刊物和学校内引起了强烈反应。

当时统计学方面的问题似乎分成了两个领域：一是属于统计基本理论方面的问题。例如，统计学是一门什么性质的科学，是社会科学还是通用科学？统计学的理论基础是什么？是马克思主义政治经济学和历史唯物主义还是机率论和大数定律？统计学是一门实质性的科学还是方法论的科学？应该向苏联学习统计学还是向英美学习统计学？在当时，这些问题是禁区，是不能讨论的。统计学是一门社会科学，统计学的理论基础是马克思主义政治经济学和历史唯物主义，统计学不是一门研究方法论的科学。这些来自苏联的观点是谁也不能怀疑的。谁要是对此提出不同意见,就会被视为异端,统计学界共讨之。二是属于统计计算方法和调查方法方面的问题,这是可以展开讨论的,但是这些问题的讨论还应由国家统计局提出。因为在实际工作中遇到了问题,引起了统计资料使用者的怀疑,所以提出讨论。但是,由于基本理论方面的问题没有突破,方法论方面的争鸣也就受到很大局限。在反对右派斗争开始以后,方法论方面不同意见的讨论也就偃旗息鼓了。

在薛暮桥召集京津部分经济学、统计学教授座谈的同时,辽宁省统计局的方秉铸、王琥生在局内讨论总结几年来经验时作了发言。事后,1957 年 6 月,方、王将发言稿作了整理,写了《对全国统计工作领导上的几点意见》一文,就几年来全国统计工作的评价、统计机关的性质与统计工作的方针任务、定期报表与抽样调查在统计调查中的位置、向苏联学习以及对待"资产阶级"统计和旧中国统计遗产、统计部门对党外知识分子的态度等问题,提出了意见。

方、王认为,统计工作的基本任务是反映国家的经济状况,研究国民经济的发展规律,给决定政策和编制国民经济计划提供依据。统计工作成绩大小,方针任务是否正确,必须从是否很好完成了上述任务来衡量。几年来,各级国家统计机关虽然搜集并汇总了数量惊人的统计资料,但在研究国家的经济状况和一些重大的经济问题时,却拿不出一套符合要求的完整资料来。对此,广大统计干部越做越对统计工作失去信心,认为统计机关"可有可无",甚至掀起统计机关"可以合并到计委去"的风波。

方、王认为，几年来统计工作有一定成绩，但仍存在不少问题。这主要是国家统计局在确定统计工作的方针任务和工作方法上存在主观主义、官僚主义和宗派主义。

方、王认为，统计机关既不能撤销，也不能合并。统计工作的总方针，还是李富春在第一届全国统计工作会议上所指出的。各个时期统计工作的具体方针任务，应从总方针、总任务出发，结合各个时期社会经济情况加以具体化。但国家统计局在历届全国统计工作会议上所确定的方针任务，却不完全是这样。

方、王提出，以方针来说，1952、1953年确定的是"减少数量，提高质量，掌握重点，稳步前进"；1956、1957年则是"又多、又快、又好、又省"。方、王认为：这些方针并未指出统计工作的具体方向，只表明了今年应慢点走，明年应快点走，究竟走向何处，却不是很明确的。这是国家所提出的整个社会主义建设进度的总原则，虽然也适用于统计工作，但直接套用过来作为统计工作的方针，却是不恰当的。

方、王提出，以任务来说，1953年以来，国家统计局确定的全国统计工作任务，讲的都是统计工作本身的建设任务，却从未根据统计工作的基本任务，指出这一时期应着重搜集和整理哪一方面的材料，研究哪些重大经济问题。统计工作本身的建设是必须做好的，但它只能是实现统计工作任务的一种手段。把手段当作任务，是本末倒置。

方、王认为，由于方针任务脱离实际，在调查统计方法上就出现了教条主义的学习苏联。只重视定期报表，不重视调查，特别是切合我国经济特点的典型调查和抽样调查。

国家统计局很少对过去一些学术研究机关或个人所作的调查资料加以搜集整理,也很少研究过去在调查研究方法上的经验。过去领导认为国民党时期的统计工作没有任何遗产可以继承,这是李富春早就批评过的宗派主义情绪在作怪。

《对全国统计工作的意见》发表后,在《统计工作》上受到了猛烈批评。

杨波写文认为,几年来国家统计局提出的方针、任务是正确的,是根据李富春提出的统计工作基本方针、任务,依照事业发展的不同阶段,结合当时的具体情况提出的具体工作方针。如1951、1952年期间,当时统计机构建立不全,人力非常薄弱,还处于国民经济恢复时期,还不可能实行全面的、严格的计划管理,提出"有重点、有步骤"地发展统计工作的方针,是符合实际情况、完全正确的。1952年底召开的第二届全国统计工作会议和1953年3月召开的各大区和个别省市统计局长座谈会,一方面肯定了前一时期统计工作的巨大成绩,同时也提出:过去布置工作存在着主观主义,目的、重点不明确,注意数量,不注意质量;注重表面成绩,不注重实际效果。当时全国正在反"五多",报表多是其中一多。因而提出"减少数量,提高质量,掌握重点,稳步前进"的方针,这个方针也是正确的。

过去是否在搜集和整理统计资料中不分轻重缓急?1953年的《全国统计工作纲要》规定,"计算1950、1951、1952各年国民经济生产总值,表现出国民经济中各部门和各经济成分所占比重,进行国民收入的初步估算";"配合人民代表大会选举,指导各级政府进行一次简易的人口调查”等任务，难道不是当时所要着重搜集和整理的资料？

至于经济问题的研究，只要找出历届统计会议中国家统计局负责同志的报告，历年的《全国统计工作纲要》，以及国家统计局的有关指示、文件等，也就不难发现，对这方面的任务也是有详细说明的。

莫曰达、朱鸿恩、董政辉在其合作的《所谓旧中国的统计遗产和几年来整理的情况》一文中指出：旧中国，从 1859 年海关册开始到 1927 年，发表的统计数字，往往自相矛盾，错得很荒唐。海关统计算是比较可靠的，但也年份不全，项目不齐，来源庞杂。1927 年至 1948 年，即国民党统治年间，大致有国民党政府机构，与帝国主义和国民党政府有密切关系的机构（中华平民教育促进会、华洋义赈会），高等学校和学术研究机构，在中共领导或影响下的研究团体和进步知识分子进行了一些统计工作。前两种机构的统计，是直接为国民党政府和帝国主义、大资产阶级巩固对人民的统治而进行的。第三种机构，虽然进行了一些统计工作，由于受调查人员立场和观点的限制，资料的价值受到很大损害。至于第四种机构，确实做了不少贡献，但在当时的恶劣环境中做得也不多。

这个期间前三种机构所作的统计，除海关、邮政等经常统计外，大致有：几个城市的若干种指数的编制，一些地区的农村经济调查，很不完全的工商业调查，比较可靠的一百多户的居民生活调查，几处小规模的、实验性的人口调查、生命统计，人口数的估算。这些统计大部分有以下两个特点：(1)各自为政，极不统一；(2)数字不全不准，资料歪曲事实。

可以看出,尽管国民党统治时期出了若干种统计资料的书刊,实际上这份遗产很贫乏。所以毛泽东号召:我们自己非做搜集材料的工作不可。

因此,在全国解放后,统计工作不能不一切从头做起,方、王称为“手段”的工作,就不能不是国家统计局首先要解决的重大任务。

新中国的统计机构进行了大量工作,就是在整理旧中国的统计资料方面,其规模之广,动员人力之多与成果之大,也决不是国民党政府20年的工作所可比拟的。全国解放后,中央财经委员会,中央各部和各专业公司以及各大区、各省、区、市财经委员会的统计部门,都曾以不小的力量从事旧资料的整理,而且这项工作还在继续进行。仅在工业方面,国家统计局就曾经整理过下列资料:旧中国主要工业产品的历年产量;1936年全国工业总产值和产量的估算;旧中国工业的设备和若干重要技术指标;旧中国工业资本的结构;旧中国的工人数和工资;旧中国工业在国民经济中的地位等资料。

高品卿、杨远志则就“统计机关对党外知识分子的使用问题”驳斥了方、王的意见。高、杨说:从1956年4月开始,辽宁省统计局与东北财经学院合作,共同研究国民收入计算方法,制订计算国民收入的工作计划,共同进行国民收入的计算工作;1955－1956年东北人民大学统计系学生在教师带领下,在辽宁省统计局实习一个月,他们可以看到实习范围内的任何资料。

高、杨提出,东北财经学院在建院初期,东北统计局林里夫副局长调去任院长,将总务科长等人调去做行政工作。学院成立后,需要大批教员，将过去搞过教学工作的人调去担任教授、讲师。这不是什么“组织上的宗派主义”。其实，许多统计局的负责干部不也从统计部门调走了？

高、杨提出，方、王两人在局内是受到重视、信任的，有大量事实可以证明。

批判方、王的文章都根据大量事实，对方、王的言论进行了反驳。

方、王在1956年8月3日致信《统计工作》编辑部，承认稿件中有“比较严重的错误”。

1957年9月11日至24日召开的全国第六届统计工作会议上，国家统计局局长薛暮桥在报告中指出：

“我国统计工作的发展过程，是基本上同国家的社会主义建设和社会主义改造过程相适应的，同国家建设和加强社会主义计划管理的过程相适应的。

“我们已经掌握了基本上适合于社会主义计划经济需要的相当数量的统计资料，这些资料是确实能够反映国民经济的发展情况，说明国民经济各部门的发展速度和比例关系，用来表示国民经济量和质的变化的。为了取得这些统计资料而建立的统计制度和调查统计方法，也是科学的，基本上适合于社会主义计划经济的需要的。最近几年，我们并开始对统计资料进行了综合研究工作，这对国家了解情况、决定政策有更加大的帮助。我们已经把我国的社会主义统计工作基本上建立起来了。成绩是很大的。

“我们要建设社会主义的统计工作，就必须学习苏联先进经验，必须结合我国的实际情况,反对教条主义和经验主义。如果我们不是认真地向苏联学习,而向资本主义国家和资产阶级统计学家学习,结果将完全不适合于社会主义计划经济的需要,将是根本的方针路线上的错误。

“资产阶级统计学家对于我们的统计工作有不同的看法。他们认为我们的调查统计方法是不科学的,根据这样的方法得到的统计资料缺乏科学依据。因此他们断定,我们还根本没有建立科学的统计工作。统计学是社会科学的一个分支,必须以马克思主义的历史唯物论和政治经济学为基础,资产阶级统计学家往往满足于现象罗列,而不能进一步去洞察事物的本质,掌握事物发展的内在矛盾。

“我们的统计工作要为国家的社会主义建设和社会主义改造服务,要为社会主义的计划管理服务,统计工作就必须是社会主义的统计工作,而决不是资本主义的统计工作。资产阶级统计学家故意抹杀我们的成绩,夸大我们的缺点,得出这样的结论:你们走错路了,你们不应当依靠马克思主义来建立统计工作,而应当依靠数理统计来建立统计工作;你们不应当向苏联学习,而应当向资产阶级统计学家学习。我们常常检查工作中的缺点和错误,这与右派分子企图利用我们的某些缺点和错误,以达到取消社会主义统计工作的目的是根本不同的。

“我们统计工作所走的道路是正确的,取得的成绩是相当显著的。但这并不是说我们对每一件工作都安排得很妥当,不妥当的地方是很多的。主要有:(1)调查统计的方法还不够灵活,主要依赖全面调查，尚未学会充分利用抽样调查，对典型调查也重视不够。因而不能收集更多的统计资料来满足各方面的要求。(2)对统计资料主要只做了收集和汇总的工作，很少作进一步的分析研究，因而提供的统计资料往往不能说明当前国民经济发展中的许多具体问题，不能满足各方面的要求。(3)对报表管理还抓得不紧，许多企业和农村中报表多乱现象仍未解决。(4)在历年工作布置中有时松时紧现象，造成执行中的许多困难。”

薛暮桥的报告发表后，统计学界的讨论就停止下来。但统计工作机构内部，仍然继续着“反对保守主义”的讨论。

第六章

反对保守主义，多快好省地进行统计工作

一切按照苏联模式进行统计的结果，在实际工作中确实也发生了一些严重问题，这主要是统计资料不能满足党政领导特别是地方党政领导的需要。

毛泽东"又多、又快、又好、又省地建设社会主义"方针的提出，要求统计工作更好地占有资料，加以分析，找出矛盾，提出办法，使统计工作进一步反映国情国力，找出社会主义建设的规律。

苏联的统计模式与中国的国情确实有抵触处，除统计方法上的

问题外，在统计体制上也暴露出了问题，主要是不能适应地方各级党政领导的需要。这有两种情况：一是统计数字的实际不能与地方领导的主观要求相符合；二是统计数字提供的时间满足不了各级党政领导的需要。

1958年1月，中共中央召开南宁会议，批判了1956年的“反冒进”，党内左倾思想进一步有所发展。有些地区和部门开始提出了一些不切实际的“大跃进”计划。随着各方面工作的“大跃进”，统计部门也要求迅速改变统计工作的面貌。但对于统计工作如何跃进，统计部门在认识上颇多分歧。1958年2月26日，国家统计局局长薛暮桥在国家统计局机关内部作了《统计工作如何跃进》的报告，对“统计工作能不能跃进”以及“统计工作如何跃进”的问题作了回答。薛暮桥说：

“统计工作的跃进，不能以统计报表的多少来衡量，而应当用统计工作对国家建设贡献的大小来衡量。为把统计工作做得又多、又快、又好、又省，统计部门除应作一些补充调查，更多掌握一些必要的统计资料外，更重要的是要集中力量做好统计资料的整理研究工作，更多更好地提供各种统计资料，使它能对国家建设发挥更大的作用。要通过统计资料来对国民经济进行深刻的、透彻的研究，为国家决定政策，编制计划提供依据，并及时地检查国家计划的执行情况，及时发现不平衡和不协调现象。”

薛暮桥指出：

“统计工作必须为经济建设服务，必须结合党的政治任务，及时提供各种统计资料。但决不是每来一个运动就发一个报表,作一次调查。领导机关所需要的资料,很多是可以从现有资料中整理取得的。统计工作的主要力量不能放在研究报表制度和计算方法方面,而应当着重研究现有的统计资料和经济问题。统计的方法制度必须有利于生产力的发展,否则就是为统计而统计,就会脱离政治、脱离实际。”

经济大跃进的形势发展很快,群众性的生产高潮迅速掀起。为了适应这种形势,《统计工作》1958 年第 6 期发表了《为要大跃进,必须反保守》的社论。社论检查了统计工作中的保守思想,提出了下列问题:

“第一,统计工作有脱离政治、脱离实际,为统计而统计的倾向。在生产大跃进中,统计工作者必须眼明手快,及时地抓住各种新情况、新问题,采用‘抓典型’、‘抓两头’等灵活、简便的方法,迅速加以反映。不能按照常规,等掌握了全面资料以后才去说明问题。因为等到能够掌握全面资料的时候,新情况、新问题已经变成旧情况、旧问题了。

“第二,统计方法制度过分机械繁琐,过分强调统一,限制了工作中的灵活性与创造性,不能因地制宜,这必然束缚统计工作的发展。统计工作的脱离实际表现在某些规章制度的过于繁琐和对这些规章制度的机械执行方面。这样的规章制度应该迅速修改。只要群众的主动性和创造性发挥出来,就一定能够找到更好的规章制度去代替它。

“第三，许多同志把统计工作神秘化，变成不是专家不能问津的东西。他们既不研究经济理论，也不关心活生生的经济现象和经济问题，而在一些琐碎的技术问题上下功夫。应当把统计工作通俗化、群众化，以便动员广大群众来做统计工作。”

社论指出：

为了保证统计工作的大跃进，必须来一个思想大跃进，否则就很难保证统计工作的大跃进。

社论在统计工作大跃进的问题上比薛暮桥的讲话大大推进了一步。开始出现了干扰统计工作集中统一的苗头。

为了促进统计工作大跃进高潮的到来，1958 年 4 月，薛暮桥在机关内部又作了《反对统计工作中的教条主义》的报告。报告指出：

统计工作中的保守主义主要就是教条主义。过去学习苏联，基本上是采取了教条主义的方法，把苏联的经验当作是普遍真理，不讲政治，只讲业务；不讲理论，只讲方法。搬运全套报表制度，这就必然会陷入教条主义的泥坑。薛暮桥认为，统计队伍中的教条主义是相当普遍的，广大统计干部在教条主义的影响下，不注意实践、总结实际经验，而注重读统计教科书。这些教科书方法讲得多，理论讲得少，更缺乏争论，致使统计干部思想呆板，为机械繁琐的报表辩护，不愿修改。不反掉教条主义，一切改革都会碰到很大阻力。

这个报告，否定了第六届全国统计工作会议对第一个五年计划时期统计工作的基本总结，把建国以来先后建立和正在改进提高，并赖以取得国民经济各项基本统计资料的全国统一的统计报表方法制度,说成是教条主义的东西,由肯定走向了否定。

批判统计工作中的教条主义,是发动统计工作大跃进的必要步骤。为在全国开展统计工作大跃进,奠定了思想基础。

第七章

统计工作"大跃进"和保定现场会议

在批判教条主义中，国家统计局表扬了河北省的工作，认为河北省统计工作促进了群众性的生产高潮，改变了统计报表满天飞的现象。国家统计局认为，河北省统计工作的主要经验是：

"第一，统计工作要为政治服务，同党的中心工作结合起来，同群众的生产高潮结合起来。

"第二，加强政治思想领导，讲方针，讲政策，多讲政治思想，少讲具体方法，把方针任务讲清楚了，具体的方法可以让大家去想，解决不了可以请示书记、县长。

“第三,依靠领导,依靠群众就能够克服困难,使统计工作迅速开展。”

为了彻底清除教条主义,国家统计局提出:必须打破一切陈旧的规章制度,放弃一切不合时宜的做法,动员群众到每一个角落去收集教条主义,来一个大鸣、大放、大字报,把教条主义烧得干干净净。

随着全国各项工作“大跃进”高潮的到来,统计工作大跃进的高潮迅速掀起。但在上述经验的引导下,集中统一的统计制度受到了破坏,为统计数字的浮夸大开了方便之门。

1958 年 6 月,中共河北省委提出了《关于改革农村统计工作向中央的报告》,其中写到:

“省委虽然曾经采取措施设法制止滥发报表,但清理即去,过后即来,问题并未得到解决。为了彻底解决这个问题,必须将农村经常性的统计工作,统由统计部门负责,党委和政府所属各部门,不再进行农村中心工作的统计工作。经过隆尧、东光等 10 个县的试行,取得了显著成绩,不但从根本上制止了滥发报表的现象,农村干部的工作作风也有了很大转变。省委在报告中总结了由统计部门统一组织农村统计工作的好处,它使大批干部从收集数字的繁重工作中解脱出来,大批干部集中精力领导生产,对农村生产起了很大的推进作用。省委决定把这种做法运用到城市统计工作中去,并已在保定、石家庄和承德等市做出了显著成绩。认为‘这确实是统计工作的一条新路’。”

为了推广河北省统计工作的新经验，同时交流其他地区统计工作"大跃进"的经验，促进全国统计工作的全面"大跃进"，国家统计局于1958年6—7月间在河北省召开了全国统计工作保定现场会议。会议讨论了统计工作如何才能"大跃进"，什么是统计工作"大跃进"的问题。

关于统计工作如何才能"大跃进"，会议认为：

"统计工作的'大跃进'要靠政治挂帅，破除教条主义和保守思想，破除统计制度方法上的神秘观点，在统计工作中贯彻群众路线，不能'依靠专家办统计'"。

关于什么是统计工作的"大跃进"，会议认为：

"统计工作'大跃进'的主要标志，一是政治领导业务，把统计工作同群众的生产高潮密切结合起来，及时掌握生产进度，发动群众评比，党政领导需要什么统计资料，就提供什么统计资料；生产运动开展到哪里，统计工作就跟到哪里。二是要在各级党委的经常领导下，由统计部门统一组织，结合群众生产运动，发动广大群众积极参加统计工作，为社会主义建设服务。"

关于统计工作"大跃进"的做法，会议认为，首先应把农村方面的中心工作统计，特别是生产进度统计抓起来，建立农村统计工作的统一管理制度。利用统计数字进行生产评比，在促进生产高潮中发挥作用。利用统计数字来发动群众评比，使统计工作打破过去的小圈子，成为一个广泛的群众运动。

会议认为，城市统计工作也应当围绕党的中心工作来提供各种统计资料,特别要抓关系到如何实现生产规划和如何保证生产"大跃进"的关键性问题,注意生产高潮中的新情况、新问题。

会议最后提出了"苦战三个月,改变全国统计工作面貌,实现全国统计工作大跃进"的口号。指出为实现统计工作的"大跃进"必须明确为政治服务,为生产服务的思想,破除迷信,对统计工作进行大胆的改革,大胆的创造,提倡敢想、敢说、敢做的风格。要鼓足干劲,力争上游,以破竹之势来实现统计工作的"大跃进"。

在保定现场会议上,河北省在介绍统计工作改革成果的时候,提出了统计工作中带有根本性的问题。在统计工作全面"大跃进"期间,这几个问题又有了新的内容。归根结底,统计工作"大跃进"是企图改变统计工作跟不上"大跃进"形势的需要,解决三个问题,这三个问题及其在统计工作全面"大跃进"中的答案是:

第一,统计工作为谁服务?统计是认识客观世界的有力工具,它必须首先为党的领导工作服务,为党领导的政治斗争和生产斗争服务,也就是为人民群众服务。统计工作为党的领导服务,必须服从于党在一定时期的政治路线,必须以党的中心工作统计为纲,必须和党的路线、方针、政策,以及党的政治运动、生产建设紧密结合,成为党的得心应手的驯服工具。资产阶级统计学者标榜超阶级、超政治的理论,抹杀统计工作的阶级性、服务性。可是他们所推崇和倡导的"统计学"却是直接为了维护资产阶级的利益的。受资产阶级统计思想的影响,我们队伍里有些人,从单纯业务的观点来对待统计工作为谁服务的问题。他们把统计工作单纯地理解为反映"客观实际"的工作,分不清党的领导工作中九个指头和一个指头的关系。他们对于一些攻击党的言论和歪曲事实的统计调查,可以采取自由主义的态度;而对于党领导工作中暂时的、局部的缺点却大事渲染。社会主义统计一旦离开了无产阶级的政治,为统计而统计,就一定会迷失方向,走上错误的道路。

第二,依靠谁来办统计?依靠谁来领导统计工作?统计是一门阶级性和党性很强的科学,它必须置于党的绝对领导之下。中国社会主义统计工作,只有在党的领导下才有生动活泼的战斗力,才有广阔的发展前途。统计工作是一种群众性全民性的工作,必须坚决执行群众路线,依靠广大群众来办。统计工作从收集材料到分析研究的过程,也就是"从群众中来,到群众中去"的过程。资产阶级统计专家从统计工作"特殊论"出发,公然主张统计工作不要党的领导,而应该由资产阶级统计专家来领导。统计工作不必依靠群众来办,而应该由受过特殊训练的专家队伍来办。所以,要发展社会主义统计,就必须同资产阶级的统计思想进行坚决的斗争。受资产阶级统计思想的影响,在我们队伍里的有些人曾经不适当地强调统计工作的监督检查作用,主张统计工作实行垂直领导。他们只承认党中央对全国统计工作的领导,看不到党中央的领导和地方党的领导的一致性。这样,必然会削弱党对统计工作的领导。在我们的队伍中还有一种人,他们只承认党对统计工作在思想政治、组织方面的领导,而否认党对统计工作在业务方针和制度、方法方面的领导。他们不懂得统计工作的方法、制度是反映统计工作的立场、观点的。他们不了解科学的统计工作的方法、制度与党的领导工作的一致性。照他们的意见去做,必然会从具体内容上阉割了党对统计工作的领导。

第三,统计工作应该怎样做?在这个问题上,社会主义统计和资本主义统计的分歧主要集中在:人与物,政治思想与经济技术结合呢,还是只迷信物,只迷信经济技术,不相信人,不相信人的政治思想的指导作用?社会主义统计从来认为统计工作的方法、制度反映着统计工作者的立场、观点;主张在统计方法上既要见物,又要见人,在统计范围上应当人与物、政治思想与经济技术结合。如果只调查物,不调查人;只算设备、材料、劳动等经济账,不算政治账,不算群众的主观能动作用账,就必然会只见到工作中一时的困难的一面,而见不到长期的有利的一面。因此,在统计工作中必须逐步建立起人与物,政治思想与经济技术相结合的统计指标体系。

以上论点是在"左"倾思想严重影响下逐步形成的。在统计工作"大跃进"中体系化、完整化了,为统计数字的瞒报、虚报进行了充分的"理论"武装。当时并没有人提出不同意见,也就成了统计"理论"中唯一正确的意见。这套统计的理论,对经济工作的"大跃进"起了推波助澜的作用。

第八章

统计工作“大跃进”的后果及纠正

统计工作“大跃进”是在全国经济“大跃进”的形势下掀起的，但它原是针对第一个五年计划时期统计工作中的某些教条主义倾向提出来的。当然，这与当时中苏两国关系趋于紧张也密切有关。目的是为了总结经验，纠正缺点，走中国统计工作自己的道路。在统计工作“大跃进”初期，统计工作结合生产、结合实际，受到了党政领导的重视，统计人员的积极性也大大调动起来。但是，统计工作的“大跃进”是在“左”倾思想的指导下开展的。随着“左”倾思想的泛滥，夸大了第一个五年计划时期统计工作的缺点,错误地认识和处理了统计工作中政治和业务的关系、党的领导与统计部门负责的关系、集中统一与因地制宜的关系。

对上述几个关系处理的错误,给统计工作带来了严重的后果,主要是:部分统计数字严重不实;有些统计制度、方法遭到了严重的破坏;统计机构和统计人员受到了一定的削弱。

这种情况在后来的统计工作中得到了纠正。

一、中央领导同志的指示

统计工作"大跃进"造成的严重后果给党和国家了解情况、制定政策、决定计划带来了极大困难,大大削弱了统计工作在国民经济建设中的作用。1961 年国民经济进入调整时期,迫切需要健全统计机构,改进统计工作。针对当时统计工作中存在的问题,党中央领导同志从 1960 年到 1962 年先后对统计工作作了重要指示。

1961 年 3 月,毛泽东在广州会议上谈到调查研究问题时强调:搞调查是为了解决问题。统计部门要搞统计,可是我们了解情况不能依靠逐级上报,而是要亲自做调查研究。

1962 年 1 月,中央领导同志在中央工作会议上号召:全党要大兴调查研究之风,要切切实实去做好调查研究工作。

1962 年 1 月,刘少奇在中央工作会议上提出:要反对分散主义,加强集中统一。并批评下面某些人随心所欲爱报多少就报多少。用假数字做计划，必然使计划不能落实。

1962年2月，邓小平在中央一次会议上说：统计工作要像会计工作一样，保持独立性才行。否则就不能发挥监督作用。

1962年3月，刘少奇在中央政治局会议上，对统计工作做了四点指示：(1)统计工作必须实行垂直领导，至少一级管一级。(2)统计垂直领导必须一直"垂"到基层单位。(3)今后统计数字准不准，应由统计部门的负责人负责，党委不要去干涉人家，不要去修改统计部门的数字。(4)为了贯彻这些精神，统计和会计工作都要加强，逐级开会，层层贯彻，一直到最基层单位。

这些指导思想，对纠正统计工作在"大跃进"中的失误，起了决定性的作用。

二、中共中央、国务院《关于加强统计工作的决定》

按照上述思想，中共中央、国务院于1962年4月4日发布了《关于加强统计工作的决定》(简称"四四决定")。"四四决定"首先分析了当时统计工作的基本形势和提出了统计工作的主要任务。指出：

"最近几年，全国统计工作有所削弱，一些重要的统计数字很不确实，情况不能及时上达，给国家建设事业造成了损失。

"为使数字准、情况明，必须迅速建立一个强有力的集中统一的统计系统，切实改进统计工作。"

"四四决定"提出了以下五项具体措施：

“1. 加强统计工作的集中统一领导。各级统计部门在业务工作方面受国家统计局垂直领导,在党的工作和行政工作方面受当地党和政府领导。各级统计部门的编制、干部和经费,原则上应由国家统计系统统一管理,分级负责。各级统计部门按照上级统计部门规定收集和整理的统计资料,必须直接报送上级统计部门,同时报送当地党政领导机关。当地党政部门如对上报的统计资料和数字有不同意见,可将自己的意见另报上级,但不许干预这些统计资料的直接上报,篡改这些上报的统计数字。

“2. 切实加强统计工作,保证统计数字的准确可靠和及时上报。各部门、各地方、各单位,必须严格按照国家规定的统计任务、统计制度和方法进行统计,严肃对待统计数字,有多少报多少,决不允许作假报告。统计部门和统计人员必须如实反映情况,同一切虚报瞒报统计数字的违法行为进行斗争。各级统计部门,各业务部门,各企业、事业单位和人民公社的统计数字是否确实,应由各单位的统计负责人负责。各级领导机关和各业务部门,各企业、事业单位、人民公社的负责人必须保障统计数字的正确性,不得随意修改统计数字。

“3. 健全各级统计组织和基层统计工作。为了便利业务上的垂直领导,各级统计部门应单独设置。各级统计部门和业务部门,应当适当加强统计力量,充实领导骨干。

“4. 统计干部应该专业化,不要轻易调动以利他们熟悉业务,积累经验。凡是经过专业训练或长期做统计工作的骨干,近年来调离的,应尽可能归队。

“5. 各级党政领导机关必须进一步加强对统计工作的政治思想领导，健全统计组织，纯洁统计队伍，监督各部门、各单位如实反映情况，保证统计工作的顺利进行。”

“四四决定”全面否定了统计工作“大跃进”的做法，重新肯定了统计工作的苏联模式并有所发展。

三、十三年来我国统计工作经验总结

为了使统计工作有章可循，1962 年初，周恩来指示：

“中国这么大，情况复杂，要真正搞好统计工作是不容易的。要注意总结经验，尽快制定自己的章法。”

据此，1963 年国家统计局定稿的《十三年来我国统计工作经验总结》（以下简称《总结》），回顾了建国十三年来中国统计事业由局部到全面，由分散到统一的历程。精要地指出了三年恢复时期、第一个五年计划时期和第二个五年计划时期统计工作的成绩和缺点，并对统计工作的性质和任务，统计工作的管理体制，统计指标体系和调查方法，统计资料的综合整理和分析研究，统计报表管理和统计数字管理，统计工作的思想建设，统计工作中党的领导和群众路线等方面的具体经验，进行了全面系统的总结。

关于统计工作的性质和任务，《总结》指出：

“社会主义统计工作的主要特点是通过一整套科学的、完整的统计指标体系，全面地、系统地、如实地了解社会发展的基本情况，了解国民经济各个方面的活动,并进行国民经济核算。"

统计工作的基本任务是:

"根据党的方针政策和国家计划管理的需要,按照国家规定的统计制度方法,进行国民经济核算,全面地、系统地、及时地收集整理和研究国民经济统计资料,如实反映情况,为制定政策,编制计划和监督、检查政策、计划的执行情况提供准确可靠的依据。"

关于统计工作的管理体制,《总结》指出:

"社会主义统计工作的组织和管理,必须贯彻集中统一的原则,"但是,"统计工作集中统一的原则必须与分级管理相结合,必须充分发挥各部门、各地方、各单位的积极性和主动性。"

关于统计指标体系和调查方法,《总结》指出:

"统计部门必须建立科学的统计指标体系,健全国家的统计报表制度,以全面调查为主,反映全面情况,同时要善于结合运用多种多样的调查方法。"

关于统计资料的综合整理和分析研究,统计报表管理和统计数字管理,《总结》指出:

"统计部门必须紧密结合各个时期的政治经济任务和党的中心工作,做好统计资料的综合整理和分析研究","各级统计部门必须对统计报表和统计数字实行严格的统一管理。"

关于统计工作的组织建设,《总结》指出:

"建立一个强有力的、集中统一的统计系统,""培养一支又红又专的统计队伍,是顺利地、全面地完成国家统计任务的组织保证。"

"在建立机构，配备人员后，还必须采取一系列措施，不断提高统计干部的政治业务水平，使统计干部专业化。"

关于统计工作中党的领导和群众路线，《总结》指出：

"党对统计工作的领导，广大群众对统计工作的支持，是做好统计工作的根本保证，""依靠党的领导和统计部门负责，必须结合起来"。

四、《统计工作试行条例》的颁发

在"四四决定"和《十三年来我国统计工作经验总结》的基础上，国家统计局草拟了《统计工作试行条例草案》。经国务院全体会议第127次会议通过。1963年3月18日，国务院发布了《统计工作试行条例》。《条例》明确规定了统计工作的性质、任务，统计工作的基本要求和基本作法，以及各级统计组织机构和各级统计部门、统计干部的职责，使统计干部在工作中有章可循。

关于统计工作的指导思想、性质和任务。统计工作的指导思想是毛泽东思想。统计是认识社会的有力武器，是国家对国民经济实行计划管理的重要工具。统计工作的基本任务是：根据党的方针、政策和国家计划管理的需要，按照国家规定的统计制度方法，进行国民经济核算，全面地、系统地、及时地收集整理和分析研究国民经济统计资料，如实反映情况，为制定经济政策，编制计划和监督、检查政策、计划的执行情况提供准确可靠的依据。

关于统计内容和指标体系。统计范围应该包括生产、流通、消费和积累等社会再生产的全部过程。国家统计的主要内容是:人口、工农业生产、支援农业、运输、邮电、基本建设和施工、地质勘探和勘察设计、城市建设、物资供应、技术改革、国内商业、对外贸易、物价、文教卫生、科学研究、劳动工资、财务成本、财政金融、国民收入、人民生活等。根据这些内容,《条例》还规定了国家统计的主要指标。

关于统计方法。统计部门要根据不同情况和需要,灵活地运用统计调查方法,包括全面调查、重点调查、抽样调查、典型调查等。国民经济的基本情况应当通过统计报表进行全面调查,不必要或不可能进行全面调查的项目可充分运用典型调查、抽样调查等方法。农业统计调查要将依靠农村人民公社全面地逐级上报和调查队在农村中进行的抽样调查、典型调查结合起来。

关于统计报表制度。国家统计报表制度由两部分组成:(1)国民经济基本统计报表制度,由国家统计局负责会同国务院有关部门制定。(2)专业统计报表制度是基本统计报表制度的必要补充,由国务院各有关业务部门负责制定。为了严禁滥发统计报表,保证统计数字正确、统一,各级统计机关要负责审批和管理统计报表、统计数字。

关于统计组织机构。全国的统计系统,由国家统计组织和各业务部门及其基层单位的统计组织组成。全国的统计工作,由国家统计局负责统一领导。各级业务部门和企业、事业单位的统计工作,在统计制度方法和统计任务方面,并受同级或当地统计机关领导。

《统计工作试行条例》还规定了各级统计机关的主要任务和统计

人员的职责和职权等。为了保障统计人员的专业化,《条例》对统计人员的技术职称作了明确规定。

以上中央领导的指示,国家统计局的《总结》和国务院的《条例》基本上推翻了"大跃进"时的统计思想,重新肯定了薛暮桥在第六届全国统计工作会议上所作的总结。实际上统计上的指导思想是随着政治风向变化的。十几年的经验,一句话就可以推翻,而重新肯定了的指导思想,随着形势的变化,又可以继续推翻。到了"文化大革命"前夕,统计工作的指导思想果然又发生了根本性的变化。

第九章

统计工作的“主辅”之争

当代中国的统计工作在“文化大革命”以前，都是由统计主管部门或由统计业务部门秉承中央的总意图提出意见。统计界的思想基本上没有分歧，即使有点不同看法，也很快会统一起来。但是中央的总意图也会发生剧烈变化，以致下级业务部门的业务指导思想也在作跳跃式的变动。从上面所述统计思想的发展变化中，可以体会出其中端倪。

在 1978 年邓小平同志提出“改革开放”以前，30 年来统计界的唯一一次争论，就是"主辅"之争。这是在统计系统内部高层领导间展开的。

1960年7月，国家统计局党组在一次清理报表的工作完成以后，向党中央作了《关于中央一级各部门精简统计报表的情况报告》。党中央批转了这个报告。中央在批示中要求各省、自治区、直辖市党委，中央各部委党组及其所属各部门和各单位：

"在反五风反五多的整风中，切实把统计表报认真清理精简，凡是可要可不要的统计表报一律取消。要以深入实际、深入群众进行调查研究为主，而以必要的统计表报为辅，而且统计表报必须实事求是，反对任何浮夸、虚报。只有这样才能发扬我党实事求是的优良传统。"

这是中央批示中明确提出的。中央的批示，统计部门当然必须坚决执行。但在国家统计局领导之间对统计部门"以深入实际、深入群众进行调查研究为主，而以必要的统计表报为辅"有着不同的认识。分歧主要有二：

一是"以深入实际、深入群众进行调查研究为主"是否就是以典型调查为主？

二是统计部门是否应该和能够"以深入实际、深入群众进行调查研究为主，而以必要的统计表报为辅"？

"主辅"之争，不仅是统计调查方法方面的问题，而且是统计部门承担基本任务方面的问题，即统计部门应以提供典型调查资料为主，还是以提供全面统计资料为主的争论。

对“主辅批示”(指批示中的“以深入实际、深入群众进行调查研究为主,而以必要的统计表报为辅”)的不同认识,首先反映在统计系统领导人对统计工作方针的不同提法上。当时已经离开国家统计局的薛暮桥提出,要把“主辅批示”作为改进统计工作的根本方针,国家统计局局长贾启允则提出,要把“主辅批示”作为统计工作的根本方针。

两种不同的提法,引起了国家统计局高层领导之间的争论。争论坚持不下,但总的趋势是:1960年以后的两三年内,以“主辅批示”作为统计工作的方针是被肯定的。但在实际工作中这个方针并未得到贯彻执行。特别是国家统计局主要领导人在提出以“主辅批示”作为统计工作的根本方针的同时,又提出了“典型调查大家搞,统计报表一家搞”的统计大归口,统计报表由统计部门一家搞。加上当时“经济工作越做越细”的客观需要,结果统计部门的统计报表越来越多。以“主辅批示”作为统计工作根本方针执行的困难愈来愈大。

1962年国家统计局在王思华局长主持下,起草了《十三年来我国统计工作经验总结》,于1963年5月定稿。《总结》对“主辅批示”有这样的几段话:

“中央这一指示,是对全党来说的。

“目的是要求各级领导机关、各业务部门克服官僚主义,改进工作作风。统计部门是搜集全面统计资料的专业机关,……以搜集典型调查资料为主,以搜集全面的统计资料为辅,这实质上就是模糊了统计专业机关的基本任务,……这显然是不对的。”

这个总结，否定了以“主辅批示”作为统计工作的根本方针。

随着形势的发展，国家统计局和中央各部门陆续布置了一些统计报表，加上一些部门和地区未经批准增发了一些不必要的和重复的统计报表，又形成了一次新的报表多、乱现象。这种情况引起了刘少奇和周恩来的重视。分别在 1964 年秋和 1964 年冬指示国家统计局进行清理。1965 年 1 月，党中央和国务院发出了《关于精简农村报表的通知》。在查找报表多、乱的原因时，有些地方统计部门认为：国家统计局否定将“主辅批示”作为统计工作的根本方针，是一个重要原因。这一见解取得了国家统计局个别负责人的支持。于是在国家统计局和部分省、市统计局内部引起了对“主辅批示”是否作为统计工作根本方针的再一次争论。经国务院主管统计工作的领导拍板，于 1965 年正式肯定了以“主辅批示”作为统计工作的根本方针，并且明确指出“以深入实际、深入群众进行调查研究为主”就是以典型调查为主。

重新肯定“主辅批示”作为统计工作的根本方针，经历了一个相当长的过程。因为它不仅涉及到对中央“主辅批示”如何理解的问题，而且涉及到与中央其他有关指示（1962 年 4 月中共中央和国务院《关于加强统计工作的决定》和 1963 年 3 月国务院的《统计工作试行条例》）如何协调一致的问题。

《决定》和《条例》并没有体现以“主辅批示”为统计工作根本方针的意思，却体现了以“全面统计”为主的精神。

所以，以什么为主的争论，实际上没有停止。国务院主管统计工作的领导于1965年1月指示国家统计局领导进行整风。当时以“主辅批示”作为统计工作根本方针的人以突出毛泽东思想为旗帜，压得主张以全面统计为主的人抬不起头来。最后国务院主管统计工作的领导再一次明确以“主辅批示”作为统计工作的根本方针。

为贯彻以“主辅批示”作为统计工作的根本方针，国家统计局于1966年4—5月间在北京香山饭店召开了全国统计局长会议，会议的总结明确指出:“过去坚持以全面统计为主的错误方针的同志所持的一个重要论据，就是国家计划是全面的，统计资料也必须是全面的。靠典型调查编制计划是不行的。这是对我们计划工作的曲解，……必须看到，计划工作不仅需要了解一些基本的全面的统计数字，更需要了解国民经济发展的具体动态，每个时期出现的新情况。”

此时已掀起了“文化大革命”。国家统计局被撤销，在国家计划革命委员会下设统计组。整个统计工作中断了。以“主辅批示”作为统计工作的根本方针也就无法执行。

第十章

统计工作从濒临灭绝中走向复苏

“文化大革命”中，统计事业受到了严重的挫折，统计机构大大削弱，统计工作濒临灭绝，招致了重要统计数字缺失、不实、情况不明的后果。

鉴于统计工作被严重破坏，1970 年周恩来指示：统计工作不能取消，统计机构还要有，基本统计还是要搞的，但不要搞繁琐哲学。

于是，国家计委于 1970 年 5 月 14 日发出《关于建立统计报表制度的通知》，要求从当月开始，恢复工业、农业、基本建设、职工人数和工资总额、社会商品零售额、工业财务成本和物资定期统计报表制度,其中,工业生产统计,建立电讯季报制度。同时,上报零售总额和其中的消费品零售额、农业生产资料零售额三个指标的数字。

当年,国家计委把整理编印的《国民经济统计提要(1949—1969)》送国务院时,周恩来审阅后,说:很好,立即印发中央委员。大家好长时间不了解全国经济情况了。周恩来还对改进和完善《国民经济统计提要》做了具体指示。

1970 年 12 月,国家计委发出了《关于认真做好国民经济基本统计年报工作的通知》,下达《国民经济基本统计年报》共 22 张表。同时规定,自 1971 年起,国民经济各部门的定期统计报表制度,仍按 1970 年 5 月 14 日的《关于建立统计报表制度的通知》执行。

1971 年开始了第四个五年计划,为了使统计工作适应新形势的要求,国家计委于 1971 年 8 月 20 日至 9 月 22 日召开了共有 212 人参加的全国统计工作会议。

会议肯定了"文化大革命"前 17 年的统计工作,指出:

"在毛泽东革命路线指引下,广大统计人员,进行了大量的调查研究工作,提供了很多重要的统计资料。

"当前统计工作中存在的主要问题是,统计工作力量薄弱,制度不健全,不能适应新形势发展的需要。

"搞好基本统计,提高统计的准确性和及时性,对于贯彻落实党的各项方针政策,关系极大。数字不准,情况不明,反映不及时,一切都是胸中无'数',结果就不能不犯错误。"

会议强调要搞好基本统计，并提出了四项要求：

“第一，要抓好基层统计工作，搞好原始记录。这是保证统计数字准确、及时的基础。

“第二，各级统计部门要严格执行国家规定的统计报表制度，准确统计，及时汇总，按时上报。

“第三，要加强综合分析，透过数字看政治、看路线，发现问题，揭露矛盾，并及时报告领导机关。

“第四，加强统计报表的管理工作。各地区、各部门制发的统计报表，要严格审查，力求简明扼要，避免重复。不搞繁琐哲学，不许滥发报表。”

会议还提出：

“为了保证统计任务的完成，根据‘精兵简政’的原则，要充实必要的统计工作人员，迅速把统计机构健全起来，县以上各级都要有综合统计机构。工矿企业和农村人民公社，都要配备与统计任务相适应的统计工作人员。专职人员要稳定，兼职人员要定人。对于原来的统计干部，要根据党的干部政策，大胆使用。”

会议提出：

“要坚持调查研究，做好基本统计，反对繁琐哲学和形而上学。要深入实际，加强调查研究，建立必要的基本统计报表制度。既要批判‘报表万能论’，又要批判‘报表无用论’。要坚持实事求是，如实反映情况，反对浮夸，反对说假话。统计工作人员要坚持原则，同弄虚作假、违法乱纪现象作斗争。”

会议对鼓舞统计人员的信心,对加强基本统计和统计基础工作,对落实1970年周恩来对统计工作的指示,对恢复全国统计工作,都起了重要作用。

根据会议要求,国家计委从1971年年报开始,修订下达了《国民经济基本统计报表制度》。虽然报表的项目很不完整,但报表制度终于初步恢复了。统计机构也有所加强,统计人员有所充实。

1975年邓小平主持中央日常工作,着手对多方面的工作进行整顿,全国形势有了明显好转。统计工作出现了"文化大革命"以来前所未有的好势头。

1975年4月,国家计委在天津召开交流"全面完成各项经济指标,实现多快好省"经验交流的现场会议。会议指出,革命和生产对统计工作提出了更高的要求,考核企业完成指标的情况,不仅要搞好基本统计,还要深入实际,进行典型调查,了解活的情况。会议强调在经济工作中一定要坚持实事求是的作风,要坚持原则,如实反映情况,反对说假话,反对瞒报虚报。要重视统计工作,认真做好统计工作,使各级统计部门真正成为各级党委的得力助手。

1975年8月,国家计委在河北省承德市召开"全国统计报表制度座谈会"。会议重点讨论了统计报表制度的改革问题,提出了制定和改革统计报表的原则:

"1. 应当成为符合马列主义政治经济学的,既反映生产力(水平、速度、比例等),又反映生产关系的制度。

"2. 应当成为能科学、准确而及时地反映客观实际的制度。

“3. 应当成为基本统计与典型调查相结合的制度。

“4. 应当成为坚持群众路线，综合统计与专业统计相结合；条条与块块相结合，以条条为主的制度。

“5. 应当成为既有全国统一性(这是基本方面)，又有地方的一定的灵活性的制度。

“6. 应当成为既适应中央和各级领导以及工农群众的需要，又简明扼要、通俗易懂的制度。”

当时，“文化大革命”还在进行，历次统计会议的结论是恢复统计机构，恢复统计基本报表制度，但在提法上必须突出政治，突出毛泽东思想，例如：统计报表制度要既反映生产力，又反映生产关系。统计报表如何反映生产关系，这个问题统计界没有研究过，提出这一点就是为了突出政治，至于做不做那是另一回事。但是，在会议思想的推动下，1975 年的年报表式和 1976 年的定期报表又有所充实。1975 年年报的报送时间比前几年提前了两个月，统计报表的数字质量也有所提高。

统计报表自 1970 年部分恢复后，一直保持着逐步发展的势头。

统计机构从国家计委(国家计划委员会，简称“国家计委”)独立出来，统计干部逐步得到充实。

1978 年 12 月，邓小平在党的十一届三中全会上发言以后，1979 年 1 月，召开了全国统计局长会议。国家统计局局长陈先，在会上作了《把统计工作的着重点转移到为现代化建设服务上来》的报告。报告指出：

“粉碎‘四人帮’以来,我国国民经济的恢复和发展已经取得了很大成效。我国国民经济管理工作将日益加强,新情况、新问题将不断出现。各级领导正在有计划地把工作重点转移到经济工作上来。统计部门要根据新情况和新问题,提供有科学根据的、符合实际的、经过分析的统计资料。一是要准确地、及时地、全面地、系统地反映社会主义现代化建设的进程,反映经济发展水平、速度和比例关系的变化情况,分析经济效果和国民经济各个方面的潜力。二是要加强统计监督,对国民经济计划和经济政策的执行情况进行统计检查。三是要为广大职工和社员参加经济管理,开展增产节约的运动和社会主义劳动竞赛提供统计资料。为此,必须进一步加强统计工作,努力赶超世界先进水平,以适应社会主义现代化建设的需要。

“这次会议,对这个问题进行了讨论,要求从以下六个方面来改进和提高统计工作:

“一是统计部门领导精力要着重抓经济的分析研究。目前不少统计部门的领导力量主要还是忙于抓统计报表,搞准统计数字。这是完全必要的。但是,还必须加强对统计资料的分析研究工作。只有一大堆统计资料,而不作深入的分析研究,就不能充分发挥统计资料的作用。

“二是统计资料要全面反映经济效果。目前,统计资料重点是反映生产建设进度,反映经济效果不够。为了适应现代化建设的需要,努力提高经济效果,必须加强经济效果的统计。

“三是逐步形成一套能够反映现代化建设要求的、科学的统计指标体系。现行的统计指标体系，经过 20 多年来的不断修改，大体上可以适应社会主义建设的需要，但也存在着重复、繁琐、不完整、不配套等问题。反映生产、流通的指标多，反映积累、消费的指标少。计划、统计、财务指标的计算范围与上报时间，互不一致。有些统计指标含义不清，不利于对国民经济计划执行情况的检查，不利于国民经济核算。随着社会主义现代化建设的进展，经济内部联系将愈来愈广泛，统计指标体系必须根据新的情况，逐步加以改进和提高。统计核算、会计核算、业务核算的指标尽可能要互相衔接，逐步做到标准化、系列化、通用化，逐步实现国民经济核算的统一。否则，会给经济分析和经济核算带来很多困难。

“四是统计方法要多样化，提高科学水平。统计部门主要是搞全面统计，提供全面的统计数字和分析资料。但是取得全面统计资料的方法应当多种多样。要积极采用花费人力、物力、财力较少，又能及时、准确地取得统计资料的办法。目前大量的是用全面填报统计报表的方法。为了全面地检查计划执行情况，这种方法是必要的，也是有效的。但普遍填报报表，花力较大。因此，要进一步健全和改进统计报表制度，防止报表多乱。同时，要根据不同的统计对象，充分运用典型调查、抽样调查、重点调查等方法。必要时，还可把几种调查方法结合起来灵活运用。

“五是要加强国际统计资料的收集工作。我们对国外统计资料收集整理、分析研究不够，对外国经济情况了解较少，不利于国内外经济的分析对比，不利于发展对外经济技术交流。今后要加强国外经济统计资料的收集工作,并且要做好分析研究。

“六是在统计计算上努力运用电子计算机。

“统计工作的过程可以分为三步:收集和整理资料;分析研究;对经济发展情况进行预测,并提出建议。目前统计工作主要做的是第一步的工作,第二步也做了一些,第三步做得很少。有些地区、部门和单位在分析研究和提出建议方面做得好一些。今后要在进一步核准统计数字的同时,积极开展分析研究,进行经济预测,写出有分析有建议的报告,使统计资料在社会主义现代化建设中发挥更大的作用。

“粉碎‘四人帮’两年多来,成绩很大。但是由于林彪、‘四人帮’的长期干扰破坏,国民经济中存在着不少问题。主要是一些重要比例关系失调状况还没有从根本上改变过来,经济管理和企业管理中的混乱现象还没有完全消除。党中央、国务院提出,首先用三年的时间,认真搞好国民经济的‘调整、改革、整顿、提高’,把国民经济纳入持久的按比例的高速度发展的轨道,为加快社会主义现代化建设奠定牢固的基础。统计部门要认真贯彻八字方针,今后三年要进一步加强思想建设、组织建设和业务建设,调整充实统计内容,改革统计制度和方法,整顿思想作风,提高统计工作的科学水平,把统计工作落后于经济发展需要的状况切实改变过来。”

1979 年 10 月 20 日,国务院发出了《关于加强统计　工作充实统计机构的决定》。《决定》指出:

“一、必须建立起一个强有力的统计系统。实行统一领导,分级管理的体制。国家统计局是国务院的工作部门，负责全国的统计工作。全国性的统计任务、制度、方法，由国家统计局统一制订，各地方、各部门、各单位都必须严格执行。各地方统计部门是当地革命委员会（人民政府）的工作部门，负责领导本地区的统计工作，在保证完成国家统计任务的同时，要积极完成本地方领导机关安排的统计任务。

“二、坚持实事求是，保证统计数字的准确可靠和及时上报。各地方、各部门、各单位必须严格按照国家统计制度的规定，如实填报统计数字，不准迟报、不报。统计数字是否准确，由本单位统计负责人负责。各地方、各部门、各单位的负责人必须保障统计数字的准确性。如对统计部门的数字有不同意见，可以通知统计部门复查，或者同时上报，但不要随意修改统计数字，或者影响统计数字的及时上报。

“对坚持实事求是、敢于同弄虚作假行为作斗争的统计人员，要给予表扬、奖励。对虚报、瞒报统计数字的人员，应分别情节轻重，给予批评、处分。对阻碍统计人员履行职责，或者进行打击报复的，要追究法律责任。

“三、加强统计监督。各级统计部门应当按照国家统计制度的要求，定期反映和检查国民经济计划执行情况和存在的问题。同时，要经常派人到有关地方、部门、单位检查统计数字的真实性，了解计划执行情况。各地方、各部门、各单位应积极给予协助，切实反映情况，不得推诿或拒绝检查。

“四、健全统计机构。省、市、自治区设统计局,国务院各业务部门、地区行政公署、州、省辖市、县和各地业务部门、企业、事业单位,如何设统计机构和统计人员,可由各地方、各部门根据实际情况自行确定。农村人民公社,要有人搞计划统计工作,可以指定会计辅导员或其他人员兼任;已经配备有专职计划统计人员的,可以保留。生产大队设兼职统计员。

“县以上各级统计部门的编制,除西藏自治区应根据实际情况另行确定外,其他省、市、自治区原则上都要恢复到1965年的实际人数。

“加强统计力量。各地方、各部门、各单位要尽快从现有干部中调配充实统计人员,并注意充实一些新生力量。要加强各级统计部门的领导班子。统计干部要保持相对稳定,不要轻易调动。县以上各级统计部门主要负责人的任免,要征求上级统计部门的意见。要保证统计人员有充分的时间从事统计工作。

“六、加强领导。各地方、各部门、各单位都要加强对统计工作的领导,把统计工作列入议事日程,定期听取统计部门的汇报,讨论和检查统计部门的工作,吸收统计部门负责人参加有关会议,帮助他们解决工作中的实际问题,以保证统计工作的顺利进行。”

按照《决定》的要求,统计机构和统计人员,迅速恢复到“文化大革命”前的状态。统计工作,经过大的折腾以后,基本上又恢复到《统计工作试行条例》所规范的模式。

第十一章

统计教学、科研规划座谈会的召开

1978 年冬，党的十一届三中全会的召开，使全国的各项工作发生了重大转折，也使统计工作、统计理论研究和教学工作发生了重大转折。就统计研究和教学工作来说，它的转折是在“统计教学、科研规划座谈会”（简称“峨嵋会议”）上开始出现的。

“峨嵋会议”是国家统计局于 1978 年 11 月 27 日至 12 月 9 日在四川峨嵋县召开的。它的开会日期略早于党的十一届三中全会（1978 年 12 月 18 日至 22 日），但当时邓小平提出要完整地、准确地理解毛泽东思想体系和反对"两个凡是"的讲话，以及"解放思想，实事求是"的精神已经广为传播。"检验真理标准"的大讨论正在进入高潮。所以，峨嵋会议无疑是在十一届三中全会精神的指导下召开的。

参加会议的有设有统计系或统计专业的17所统计院校的统计系或统计专业的负责人，有部分省、市统计局的代表。会议开始就提出：要开成"解放思想，百家争鸣"的大会，"理论与实际相结合"的大会。会议进行分务虚、务实两个阶段。务虚阶段着重讨论理论问题，务实阶段研究制定了三个方案：统计教材编写和科研的规划方案，加强高等院校统计系、统计专业和中等统计专业学校的建设方案，统计书籍编译出版规划方案。

峨嵋会议解放了统计界的思想，打破了统计的禁区：

第一，打破了统计学只有一门的禁区。

统计学是一门应用数学还是一门社会科学？这个问题在统计学史上长期有争论。建国以来，受苏联统计学说的影响，我国统计学界的绝大多数人认为，在社会主义社会，统计学是研究社会现象数量方面的；统计学只有一门，它是社会科学。

在这次座谈会的讨论中，多数学者和统计部门的负责人认为，数理统计学和统计学是两门对象不同、性质不同的科学，应当同时并存，实际上也是同时并存着的。建国以后，尽管统计界不承认数理统计学是一门统计科学，但数理统计学作为一门科学仍在不断发展，被不断应用着。数理统计学以随机现象的数量关系为研究对象，是应用数学的一个分支。统计学则以社会经济现象的数量方面为研究对象，是一门社会科学。客观上存在着统计学的实践，也就必然产生统计学的理论去指导它。统计学和数理统计学都是独立的科学，但又互相联系。这两门科学应当互相促进，共同发展。三十年(1949－1978)来，我国统计界对统计学的研究作了很多工作，但对数理统计学的研究却是裹足不前，视为禁区。这些年来，国外把数理统计方法应用于企业的管理和国民经济的研究，取得了很大进展，但我们却不敢进行研究。这种状况不利于我国统计理论水平的提高和统计工作的发展。为了适应社会主义现代化建设的需要，必须把数理统计学放在应有的地位。经济研究机构应该加强对数理统计学的研究，统计部门应该更好地运用数理统计的方法。为了避免混淆，大家建议把以社会经济统计为内容的统计学改名为“社会经济统计学”。

第二，打破了社会经济统计学是研究统计方法论的禁区。

我国统计学界，受苏联统计理论的影响，许多人认为社会经济统计学是研究社会经济规律(或社会经济规律的数量表现)的科学。这次座谈会上，许多人认为社会经济统计学其实是一种方法论科学。他们指出，不能把社会经济统计学和统计工作等同起来。统计工作是调查研究社会经济现象的数量方面及其规律的；而社会经济统计学则是调查研究社会现象数量关系的方法论。如果社会经济统计学是研究社会经济规律的，那么社会经济统计学著作就应该写出社会经济规律。实际上，哪一本社会经济统计学都没有写出过社会经济规律。如果说是研究社会经济规律的数量表现，那么各种社会科学对统计资料的应用就成为统计学的一部分了。

但是,仍有一部分人认为社会经济统计学是研究社会经济规律的数量表现的科学。

第三,打破了关于一概否定西方统计学的禁区。

改革开放前,过分夸大了西方统计学为资产阶级利益服务的一面,一概拒绝借鉴和吸收。除了否定数理统计方法的研究成果之外,还反对西方经济和社会统计理论方法中反映社会化大生产共同规律的研究成果。"峨嵋会议"打破了这一禁区,首先提出并初步讨论了关于东西方两种核算体系中社会总产值与国民生产总值的比较、不变价格与工业生产指数的比较,提出推进投入产出表的编制和应用等意见。这一禁区的打破,为我国借鉴和学习国际上先进的有益经验,实现统计对外开放,开辟了道路。

第四,打破了关于社会经济统计学不能研究统计工作中各种矛盾的禁区。

参加会议的许多人认为,过去统计理论的研究中,指出社会主义社会经济统计工作的优越性是对的,但由于受到形而上学思想的影响,很少或没有研究统计工作中的矛盾。根据近三十年来的实践,统计工作中存在着许多矛盾。例如,关于统计数字的客观性。过去认为社会主义条件下,实现了生产资料的公有制,加上人民群众"道义上的一致性",统计数字不会有虚假。现实生活证明,社会主义的公有制和群众的社会主义觉悟为统计数字的客观性提供了很好的条件。但由于资产阶级思想的影响和其他原因,如何保证统计数字真实可靠,不受主观意志的干扰,还是一个应当重视的问题。又如,统计工作的体制问题。如何根据统计资料必须全国汇总,统计口径、方法必须全国统一的特点,做到集中统一,并在集中统一的指导下发挥各地方、各部门的积极性,共同做好统计工作,也是一个重要问题。对于这方面的经验也应该加以研究总结。

许多同志指出,社会主义制度虽然消灭了阶级矛盾,但还有全局利益和局部利益的矛盾,主观主义、官僚主义与客观实际的矛盾,因而还会产生数字的虚假,有时还会是很严重的。因此,在统计科研中需要认真研究统计工作中的各项矛盾和对矛盾的妥善处理问题,包括健全统计立法,改进统计体制等。这就把统计组织管理从实际性问题提升为统计理论研究的内容。

除打破了统计界的禁区外,座谈会还讨论了:

1. 社会经济统计是研究社会经济现象的数量方面(同质量相联系)的,还是既研究社会经济现象的数量方面又研究质量方面的?

一种意见,认为社会经济统计既研究数量方面又研究质量方面。社会经济统计包括对社会经济现象的调查、整理、分析三个阶段。统计分析是社会经济统计的最后阶段。而要分析任何事物的规律,不能只看数量方面,还要看质量方面。社会经济统计不能只研究数量关系,统计部门要写出有数字、有情况、有分析、有建议的报告,才能发挥统计工作应有的作用。那种以为统计工作只是搞数字的观点是片面的、错误的。

另一种意见,认为社会经济统计是密切联系事物的质量,研究社会经济现象的数量方面的。任何一种科学,都有自己特定的研究对象。统计的特点就在于它是通过数量观察社会经济现象的。当然,数量离不开质量,数量达到一定限度就会引起质量的变化,但不能因此否认统计研究数量方面的特点。至于说统计工作者在综合分析中,要深入研究事物的内在规律,不仅涉及社会经济现象的量的方面,而且涉及它的质的方面,甚至涉及到上层建筑,这些属于政治经济学和其他有关学科研究的范围。统计部门的工作是“多学科联合作战”,不是仅仅一门社会经济统计学所能解决的。

2. 调查研究和社会经济统计的关系如何?

多数人认为,毛泽东历来倡导的调查研究,是我党的优良传统。在研究和建立我国的社会经济统计学时,应当保持和发展这一优良传统。但对于调查研究和社会经济统计学是什么关系,存在着不同意见。

一种意见,主张把两者结合在一起,创立一门“社会调查统计学”。

另一种意见,主张以调查研究思想作为社会经济统计学的指导思想,把典型调查作为社会经济统计学的一种调查方法,在社会经济统计学中加以阐述,不应另外设立“社会调查统计学”。

第三种意见,毛泽东调查研究思想是马克思主义认识论的发展,它对认识社会现象和自然现象具有普遍的意义,而且在调查研究社会方面,不只注意量的方面,而且注重质的方面,注重生动的实际情况。如果把它放在社会经济统计学之内,一方面搞乱了社会经济统计学以研究数量关系为对象的体系，另一方面降低了毛泽东调查研究思想的意义，这是不妥当的。在当前的课程设置中，可以分别设立“社会经济调查研究”和“社会经济统计学原理”两门课程。

3. 怎样辩证看待统计服务与监督的关系？在现代化建设的过程中如何充分发挥统计的服务与监督作用？

不少人提出，关于统计工作的服务对象，随着时间的推移，有过许多提法。如为计划服务，为党的中心工作服务，为社会主义革命和建设服务，为阶级斗争、生产斗争、科学实验服务，为无产阶级政治服务，等等。究竟怎样提好，应该认真研究，有一个统一的提法。

关于服务与监督的关系，许多人认为，两者不是对立的，而是辩证统一的。统计部门准确地、及时地反映客观情况，一分为二地分析客观情况，肯定成就，揭露矛盾，既起到了服务作用，也发挥了监督作用。统计工作是各级党政领导对弄虚作假、违法乱纪行为进行监督和斗争的有力工具。统计人员坚持统计数字的真实性，同个别领导人的弄虚作假行为作斗争，并不违背党对统计工作一元化领导的原则，相反，恰恰维护了这个原则。今后，在实现社会主义现代化过程中，为了使国民经济能够有计划、按比例、高速度地发展，必须提倡实事求是、敢于斗争的精神，必须充分发挥统计的服务和监督作用。

在思想解放、打破禁区的基础上，在统计教材、统计教学、统计科研的革新和发展方面，“峨嵋会议”也取得了重要成就：

一是组织专家学者编写高等院校新的统计教材。除了《社会经济统计学原理》和专业统计学之外，新增了数理统计学、经济数学方法,资本主义国家经济统计和电子计算机程序等方面新的教材。教材的结构有了较大改变:过去以翻译苏联教材为主,或以苏联教材为基础,改变为从本国实际情况出发,以本国学者编写为主。在理论方法上从“独崇苏联”转变为兼采各家之长,力求与我国实际相结合。当然,这种转变仅仅是个开头。

二是改进和加强统计教育。根据会议建议,经与有关部门和地方协商,一方面加快恢复和扩大高等院校的文科招生,在社会经济统计学之外,增加了数理统计学和电子计算机应用的课程;一方面委托南开大学、复旦大学开设应用数理统计专业,设在理科;还委托上海财经大学开办应用统计专业,基本按照西方国家课程进行教学,聘请部分外国学者授课,以较快地弥补过去一个时期与西方隔绝所造成的损失。此外,还与国家计委协商,在中国人民大学设立了计划统计学院,并在原来西安统计学校的基础上建立了国家统计局直属的西安统计学院。

三是推进中国统计学会的建立和统计科研的发展。经“峨嵋会议”的酝酿和会后的准备,1979 年 11 月在杭州召开了中国统计学会成立大会,使统计各学科和各种不同的意见有了一个相互交流、共同研究的学术组织,也有了一个参加国际统计学术交流的组织。

四是提出了加强统计理论、教学工作者同实践相结合的措施。如统计行政部门邀请院校参加统计方法、制度的讨论和研究;委托院校进行统计的专题研究;统计行政部门和院校互邀对方讲课;大型统计行政会议邀请院校代表参加,等等。

第十二章

统计科研之勃兴

“峨嵋会议”打破统计研究的禁区以后，各省、自治区、直辖市和政府各专业机构纷纷成立统计研究机构，统计科研蓬勃兴起。

先是成立了中国统计学会。根据“峨嵋会议“的建议，国家统计局积极准备，草拟了《中国统计学会章程(草案)》，1979 年 11 月，中国统计学会于杭州举行成立大会。接着，各省、自治区、直辖市统计学会也纷纷成立，不少地方还成立了地(市、州、盟)和县(市)统计学会。各专业统计学会也先后成立。

国家统计局成立了统计科学研究所,省、自治区、直辖市的统计科研机构也陆续成立。

中国统计学会每两年举行一次全国统计科学讨论会,中国统计学会还设立了马克思主义统计理论、数理统计学、统计史、统计教育、统计调查等专题研究组,对有关问题进行比较深入的研究和讨论。专题研究组一般每年举行一次会议。

中国统计学会还与国家统计局统计科学研究所共同编辑了《统计研究》刊物。这个刊物,先为不定期的丛刊,1980 年开始编印,共出版了九期;1983 年改为季刊;1986 年改为双月刊;1994 年又改为月刊。各省、自治区、直辖市统计学会也编印了地方统计刊物。

从 1979 年以来,中国统计学会和国家统计局统计科学研究所组织了许多统计课题的研究,比较重要的研究成果有:

一、关于统计基本理论问题

中国的统计基本理论,原是苏联统计理论的翻版,自打破禁区以后,就向着具有中国特色的统计理论逐步迈进。

首先体现在由国家统计局参加的几个院校合作的《社会经济统计学原理教科书》的编写上。

《社会经济统计学教科书》对中国当代统计工作的经验进行了基本总结,根据中国的情况,提出了不同于苏联社会经济统计学原理的若干理论,同时借鉴外国,将适合我国需要的统计方法充实在教材中，提出了不少新的观点：

1. 对苏联的统计理论在我国传播的结果进行了总结。认为苏联统计学把马克思主义的哲学和政治经济学作为社会经济统计学的理论基础和方法论基础，把社会经济统计确定为认识社会的武器和国家管理的工具，在一定程度上继承和发展了资本主义国家社会统计学的科学成果，这是有积极意义的。但苏联统计理论认为统计学只有一门社会经济统计学，贬低数理统计方法在社会经济统计学中的作用，批判方法论观点，忽视了社会科学领域中实质性科学和方法论科学分工的现实，对社会经济统计学的发展是有消极影响的。

2. 认为社会经济统计学是一门独立的科学。社会经济统计是对社会经济总体现象数量方面的认识活动，它的成果表现为统计资料和对社会经济现象数量关系的分析研究；而社会经济统计学是研究社会经济数量方面的调查研究活动是怎样进行的，怎样才能达到对社会经济现象数量方面的正确认识的方法论科学。

3. 提出了社会经济统计认识活动的阶段论：(1)统计设计；(2)统计调查；(3)统计整理；(4)统计分析(包括统计预测)。

4. 在统计分析中吸收了数理统计中的时间数列、相关分析等方法。在平衡分析中植入了西方统计中运用的平衡账户和投入产出表。

继《社会经济统计学原理教科书》之后，李成瑞又主编了《社会经济统计学原理教程》。该书是在进一步总结中国当代统计工作的经验、吸收国内研究成果、借鉴国外先进理论和方法的基础上编写的。

《教程》在继承的基础上努力创新,新写的章节约占全书的30%,对一些写进原有教材的章节,充实了不少新的内容。

该书提出了包括理论基础,统计认识活动一般过程,统计认识活动具体步骤,统计认识活动一般方法四个层次相互结合的社会经济统计学理论方法体系。这个体系认为,社会经济统计认识活动的一般过程是:"定性——定量——定性与定量相结合",它与统计认识活动的具体步骤(统计指标和统计分组的设计——统计调查与统计整理——统计分析)是统一的。

该书体现了社会经济统计学社会性与技术性有机结合的特点。它以社会性统帅技术性,以保证社会经济统计的社会主义方向;又以技术性支持社会性,以保证社会经济统计这一认识武器的特殊作用的发挥。

列入该书的开创性的或基本是开创性的章节有:社会经济统计活动的产生和发展,社会经济统计活动的概念和作用,社会经济统计活动系统,社会经济统计学的理论方法体系,统计指标体系的概念、内容和结构,经济社会科技统计指标体系的基本框架,我国统计指标体系的改革,统计分类标准化,统计整理的步骤和组织,统计数据库和统计信息自动化系统,统计分析方法概述,统计分析中质与量的结合,综合评价等。

列入本书的部分属于新的内容的章节有:社会经济统计学的理论基础,社会经济统计学的方法,量化层次和计量单位,统计指标的设计,统计整理技术,次级资料整理的方法,统计估算,统计比较的概念、作用和种类，统计比较标准和比较规则，统计比较指标等。

《教程》比《教科书》在提法上更趋于规范化和严密化了。

在编写《社会经济统计学原理教程》中，李成瑞还主编了《统计组织管理学》一书，对我国统计工作的组织管理经验进行了基本总结，使之成为一门独立的统计科学。

除编写教材外，还发表了见解不同的许多统计基本理论方面的论文，如对平均数、指数、预测等方面的研究等。

二、关于国民经济核算方法的转型问题

20 世纪 50 年代到 80 年代初期，我国采用的是 MPS 体系；从 80 年代到 90 年代，采用了“中国式 SNA 体系”；从 21 世纪开始，全面改为 SNA 体系。

在从 MPS 体系转型为“中国式 SNA 体系”过程中，从 1985 年到 1990 年曾经开展过一次国民经济核算方法问题的大讨论。

讨论涉及到诸多问题。例如，在社会主义制度下如何划分生产劳动和非生产劳动，第三产业统计问题，物质产品核算与劳务核算问题，如何运用多种方法核算产值问题，实物量与价值量核算如何挂钩问题，核算中现行价格与可比价格的运用问题，等等。

讨论结果，国家统计局决定为了适应实行有计划的商品经济体制和初步发展社会主义市场经济的需要，以及打破西方封锁禁运后对外经济交流逐步扩大的国际情况，实行“中国式 SNA 体系”。从

MPS 模式改变为 SNA 模式,主要是由于:

第一,SNA 作为描述国民经济运作情况的一种方法,是比较实际的:它既核算物质产品,也核算劳务;它包括国民收入核算,投入产出核算,资金流量核算,国际收支核算,资产负债核算;它不仅反映产品和劳务等物的流量,还反映金融交易等钱的流量,实物资产和金融资产的存量以及流量和存量的关系。它在各个总量指标之间,环环扣紧,在总量指标与个量指标之间,层次分明。它利用梯形账户、借贷原理来搜集、整理资料,比较严密,为利用数学方法进行经济预测提供了条件。

第二,把 MPS 寓于 SNA 之中,只要把物质产品的核算从 SNA 中分离出来,就可以转换成 MPS。采用 SNA 体系,对开展国民经济核算工作比较有利。

从 2000 年起,为了适应社会主义市场经济进一步发展以及我国加入 WTO 后更广泛地开展对外经济交流,便于国际经济信息共享,又强化了 GDP 的核算和第三产业的划分,完全采用了 SNA 体系。

三、关于建立“绿色国民经济核算”问题

以 GDP 为核心指标的国民经济核算体系,未将自然资源和生态资源纳入,忽视了生产过程中自然资源耗减退化的成本,不能反映经济发展的质量和数量,不能反映一个国家实际取得的财富和有用收入。但 GDP 的总量和增长速度,已经成为衡量各国经济发展情况的

统一标准，我国又将GDP作为衡量各地区发展水平和考核各级政府政绩的指标，导致了片面追求GDP的倾向。结果GDP的增长愈快，资源和环境的投入愈大，人们感到资源紧缺和环境恶化的压力愈大。于是，经济学家和统计学家提出了绿色GDP的概念，试图通过绿色GDP的计算，将资源和环境因素纳入国民经济核算体系。

计算绿色GDP的意见是一致的，但如何计算却有分歧。

迄今为止，绿色GDP的计算，多数是围绕下列公式议论的：

绿色GDP＝GDP－自然资源耗减价值－环境退化代价

人们尝试从自然资源存量和环境本身来计算自然资源耗减价值和环境退化代价，但这些东西都不进入市场交换，无法确定价值。人们就提出用虚拟价格进行估价。

一个国家在经济和社会发展中消耗的自然资源种类很多。这些资源的分布地区又大不相同，按上述方法计算资源耗减价值，不仅使绿色GDP的真实性受到质疑，还会引起各地、各国之间的矛盾。计算结果，资源丰富、输出资源的国家、地区，资源耗减的价值会很大；而资源缺乏、输入资源的国家、地区，资源耗减价值却很小。因此，按上述公式考虑的计算方法是不现实的。

于是有人提出，如果将前述公式加以改造，把自然资源耗减价值改为资源消耗的损失；把环境退化代价改为环境恶化的损失。即：

绿色GDP＝GDP－资源消耗的损失－环境恶化的损失

改为这样就可以根据事实计算出比较真实的绿色GDP，而且仍然符合绿色国民经济体系核算的要求。按上述公式：

1. 资源消耗的损失

(1)资源作为原材料、能源消耗的损失$=\sum Q_i(M_i-M_N)P_i$

Q_i表示本期产品产量,M_i、M_N表示i类资源实际和计划单位消耗定额,P_i表示本期i类资源的价格。

(2)资源作为社会生活消费品的损失$=\sum(M_i-M_0)P_i$

M_i-M_0表示本期的i类资源损耗量,P_i表示本期资源的价格。

资源消耗的损失(浪费)负数表示有效利用(节约)。

2. 环境恶化的损失,包括:

(1)对自然灾害损失的估计;

(2)对责任事故损失的估计;

(3)对疾病流行损失的估计;

(4)为损害环境实际支出的补偿费等;

(5)为保护环境、恢复环境效益的投资;

(6)为建设环境、增加环境效益的投资。

环境恶化的损失=(1)+(2)+(3)+(4)-(5)-(6)

正数表示损失,负数表示改善。

建议者认为,这种方法既便于群众的参与,又能激发各级领导为减灾和环境保护的努力。这样的绿色GDP具有更大的现实性,也可以在国家和地区之间进行比较。

关于逐步建立"绿色国民经济核算体系"的意见,特别是"开放式绿色核算"的理论和方法,是钟兆修提出的,其主要内容是:

1. 关于建立绿色核算的根据和框架设想。钟兆修指出:我国国民经济中存在三个问题：一是自然资源消耗过大，生产资源回收率低于世界平均水平；二是环境形势严峻；三是贫富分化加剧，引发了某些社会不稳定的因素。

钟兆修提出，有必要在 SNA 的基础上，研究建立符合中国情况的绿色核算体系，即人口、资源、环境、社会、经济综合核算体系，并提出了总体框架的初步设想。

2. 关于绿色 GDP 的核算，第一步是核算绿色 GDP，它与传统 GDP 相比，不仅要扣除人造资本消耗（固定资本消耗），还要扣除自然资本消耗（环境成本）。钟兆修详细介绍了一位国外专家以一个发展中国家为对象的计算案例，为解决计算方法问题提供了参考。

3. 关于环境资源核算货币化。绿色核算与传统核算的根本差别在于核算对象不同。传统核算中的各种实物和劳务，通过市场活动已经形成了货币价格；但环境核算的对象却是市场范围外的“外在性”活动。对它们的货币化价格如何计算，钟兆修分别从三个方面进行了研究：(1)环境成本和环境治理效益的核算方法；(2)自然资源消耗成本的核算方法；(3)环境质量退化成本的核算方法。对此，钟兆修收集了我国 46 个城市的实物指标资料，对废水、废气、固体废物、生活污水、生活垃圾等 7 个方面的环境成本进行了货币化的核算。

4. 创立了“开放式绿色核算”的理论和方法。钟兆修提出了“封闭式绿色 GDP”（$GDP_{Ⅰ}$）和“开放式绿色 GDP”（$GDP_{Ⅱ}$）的两种概念，并对两者给出了计算公式。

四、关于统计监督问题

统计监督问题,是1952年12月,中央人民政府副主席朱德代表党中央和中央人民政府在第二届全国统计工作会议上的报告中郑重提出的。他说:

"一切统计工作者必须以科学的严肃态度来从事统计工作,同时要担负起监督作用,反对敷衍了事、粗枝大叶的作风,假统计假报告更是对人民的犯罪行为。"

又说:

"统计工作是国家建设所迫切需要的,它不但要向国家领导机关提供统计资料,而且要负责监督各种计划的完成情况。"

朱德的讲话说明了:

1. 统计监督任务是党的负责人之一代表党中央和中央人民政府在全国统计工作会议上郑重提出的。

2. 统计监督并不是由统计部门去监督党委、政府,而是通过正确的统计数字,对政府各部门的工作进行核对,其中是否有违规现象。

3. 统计监督是通过一系列统计规章制度进行的,是为党中央服务的一个环节。

但是,这个提法,后来竟遭到了否定。

1958年在高举三面红旗的时候,按照统计规章制度办事,很多统计数字都是不能认可的。于是就提出了统计的方法制度、统计数字由群众和党委书记说了算。统计监督的事被一风吹了。

但统计数字的虚假，对党领导经济工作带来了很大不便，于是党中央又提出恢复原来的统计制度，统计数字由统计部门管理，党委对统计数字有意见，可以提出，但不得修改统计数字。统计实际上又起了监督作用。

1979年1月召开的全国统计工作会议，强调必须保证统计数字的正确性，加强统计监督，各级统计部门应当按照国家统计制度的要求，反映和检查国民经济计划执行情况和存在的问题，同时要经常派人到有关地方、部门、单位检查统计数字的真实性，了解计划执行情况。各地方、各部门、各单位应积极给予协助，切实反映情况。1979年4月4日《人民日报》还发表了《充分发挥统计监督作用》的社论。统计监督重新成了统计工作部门的职责之一。

20世纪80年代后期，随着统计改革的进展，统计监督问题又引起了统计界的重视。统计监督本来是统计工作的一种天然职能，但这次讨论的范围似有所扩大：

1. 关于统计监督的性质问题

有三种意见：

一是，统计的监督职能是统计本身的性质带来的，只要进行统计活动，就必然会伴有统计监督的职能。统计监督问题可以无须讨论。

二是，统计监督是党和国家赋予统计部门的一项职责，一旦党和国家收回了这项职责，统计监督也就可以免谈了。当代中国统计工作的历史经验，证明了这一点。

三是，如果把统计监督看作是统计活动反映客观实际情况，以所反映的实际情况来评价各方面的工作，这样的统计监督应该属于统计的本质属性。但如果认为统计监督还包括实际上监督当政者的行动，那就属于党政领导赋予统计部门的一种特种职能，不单纯是统计的本质属性了。

2．统计监督的对象

也有三类看法：

第一，统计监督是国家统计部门根据《中华人民共和国统计法》对各种违反统计法制的行为进行的监督。

第二，统计监督是国家统计部门通过统计活动，对社会经济的发展情况进行的监督。

第三，国家统计部门通过对《中华人民共和国统计法》的执行与监督，获得准确的统计数字，以实行对社会经济发展情况的监督。其中也有不同的观点。有的认为，对《统计法》执行情况的监督是手段，目的是对社会经济发展情况进行监督。有的认为，两种监督是连成一体的，缺少哪一方面，都不能实行统计监督。但也有不少人认为，当前未制定《统计法》的国家不少，对这些国家，或者有《统计法》的国家在设置《统计法》之前，难道它们的统计都不起监督作用吗？

3．统计监督的内容

有两种意见：

一是认为，统计监督就是根据统计活动的各方面成果对社会经济发展情况进行监督，至于对违规现象的处理，不是统计部门的职责。

二是认为，统计部门除通过统计信息反映社会经济发展情况的偏差外，还应该具有对违规现象进行制裁的权力。

4. 统计监督和统计服务的关系

有两种意见：

多数人认为，统计监督寓于统计服务之中。这是一个传统的观点。统计本来是个服务工作，所谓统计监督的作用只有从统计服务中才能体现出来。

一部分人认为，统计服务和统计监督是统计工作两个不同的职能，具有独立、互补性。统计监督寓于统计服务之中的提法，只看到两者同一的一面，而忽视了两者差异的一面，因而是片面的。

对统计监督问题的意见虽然不少，但对统计工作的实际，并无多大影响。

五、统计史的研究

中国古代有没有统计理论？在全国解放前后，中国统计界近乎一致的见解是：中国历代都有统计工作，但没有统计理论。统计理论是在光绪二十九年(1863 年)经过日本传入中国的。当时国内从事统计史研究的人几乎绝无仅有，这种看法几乎成了权威的见解。

1979 年中国统计学会成立并设立了统计史研究组后，对这个问题就有了分歧的看法。中国人民大学的高庆丰教授认为：“中国不但有系统的统计理论,而且还有统计理论的各种流派,如调查派、史志派、图表派……等。”高庆丰教授一直致力于中国统计史的研究,搜集了不少资料,但他没有写出支撑他的观点的著作,便不幸逝世了。

中南财经大学的刘叔鹤教授,在她1990年出版的《中国统计史略》(湖北财经出版社)中概述了中国历代统计思想,说明中国古代是存在着统计理论的。但对这些思想从无不同看法,自然谈不上存在统计流派了。

1993年中国统计出版社发行了李惠村、莫曰达合著的《中国统计史》,从西周开始,在历代统计史中都列有“××时期的统计思想”一节,其实不是讲某个“时期”的统计思想,而只是某个时期某某人的统计思想。这些思想突出了统计理论的某一方面,但未见有系统化的统计理论。而在《第六章　明清统计史》的结论中却提到:“甲午战争后,近代德国社会统计学派的统计理论由日本传入我国。‘统计’作为一门学科的名称,亦于此时确立。”

2004年,中国统计出版社出版了莫曰达的《中国古代统计思想史》。该书比较系统地介绍了自西周迄鸦片战争前我国统计思想的发展过程。作者在《结束语》中着重写道:

“中国古代统计思想源远流长,但终古之世,始终未能成为系统的理论,直到清末,从西方输入统计理论之前,基本上未能跨越春秋战国时期片段、分散的状态,上升为一门系统的科学。

“但中国传统统计思想毕竟延续了数千年,有丰富的内容,也有一定的深度,其中不少已经凝聚为社会经济统计学的精华,形成我国传统统计理论的特点。中国传统的统计思想就每个立论者来说，是片段的、分散的；但把这些思想家的论点集中起来，倒也具有相当的规模，有了一定的气候。”

这是迄今为止，对中国是否存在统计学的比较完整的个人意见。

除上述三本书外，统计史研究组还编写了下列两本著作：

《新中国统计史稿》，王一夫主编，1986 年北京出版社出版。

《当代中国的统计事业》，岳巍主编，1989 年社会科学出版社出版。

除着重研究中国统计史外，统计史研究组还对欧美统计学说进行了研究，出版有：

《欧美统计学史》，高庆丰编著，1987 年中国统计出版社出版。

《欧美统计学简史》，李惠村著，1983 年中国统计出版社出版。

20 世纪末，统计史的研究掀起了一个高潮，除著作外，有关统计史的论文也在《统计研究》等刊物上时有发表。但进入到 21 世纪，统计史研究的成果，逐渐稀少了，但研究仍在继续进行着，国家统计局档案资料室就有人专注于此，并取得了一定成果。

六、关于“大统计”问题

1983 年在第三次全国统计科学讨论会上，戴世光提出了一篇题为《实事求是研究统计科学理论问题的指导思想——评苏联〈统计理论〉及其“社会经济统计学”》的论文。论文的要点是：

“现代国际科学界,只有一门统计学,也即作为应用数学分支的数理统计学。它(社会经济统计学)不过是来自国家政府统计部门搜集社会、经济统计资料工作某些经验,而不是一门统计科学。”

戴世光的这篇论文,后来发表在1984年第1期《统计研究》上。这一期《统计研究》上还同时发表了黄良文《学习马克思对统计理论和方法的启示》,莫曰达《就〈实事求是研究统计科学问题的指导思想〉一文同戴世光同志商榷》,以及郑尧《对〈实事求是研究统计科学问题的指导思想〉一文的一些不同意见》等,对戴世光的论文分别从各种角度提出了不同看法。

郑尧同志的文章针对戴文提出了以下观点:

1. 戴文以“实事求是”自诩,但文中不“实事求是”之处,比比皆是。

2. 苏联根据自己的经验编写《统计理论》是实事求是的。中国学习苏联也是根据当时的实际做出的决定,但在学习中有缺点;“峨嵋会议”根据当时形势发展的需要,认真总结经验教训,这都是实事求是的。

3. 戴文所谓的“从客观存在的统计活动实际出发”,实际上仅指西方国家中数理学派的某些统计学家的理论,而把全球几千年来的社会经济统计实践,贬之为“统计实务”,并无理论之可言。实际上从威廉·配第创建“政治算术”以后两百年来,马克思、恩格斯从先进资本主义国家的实际出发,创建了以社会经济统计为内容的统计学。19世纪末20世纪初,列宁从帝国主义时代的实际出发,发展了马克思的统计理论，并在十月革命胜利后，从社会主义国家的实际出发，创建了社会主义的统计理论体系；中国则在1978年后，继承列宁的统计理论，并学习西方国家适用于我国的统计理论，建设具有中国特色的社会主义统计理论体系，难道这些都是“从苏联1954年的‘统计学定义’及其‘本本’《统计理论》出发，主观地抽象推理，从事概念到概念式的争辩”？

4. 戴文断言，只有数理统计学才是指导社会经济统计实践的唯一科学。世界上除了数理统计学外，在自然科学领域中，还存在着生物统计学、物理统计学等等；在社会科学领域中，存在着西方国家的经济统计学和社会统计学，以及我国的社会经济统计学，包括人口统计学，工业统计学等等。戴文认为，只有“数理统计学”才能成“学”，其他统计学都是数理统计学的应用，不能称“学”。但实际是：各种统计工作中所用的方法，不光是数学方法，更不光是数理统计方法，如综合指标、分组法等。在社会经济统计学中，统计方法与数学方法之间，是有个主次之分的。

这个问题的讨论就这样结束了。戴世光并没有作出回应。

直到1992年，袁卫教授提出：“统计学愈来愈具有交叉学科的性质。统计学可划分为理论统计学和应用统计学，使统计学上升为一级学科。”

1992年11月，国家技术监督局发布了学科分类和代码表，原来属于经济学中的统计学成为人文与社会科学下的一级学科。统计学从经济学中独立出来，成了与经济学并行的学科。为使统计学成为一级学科,贺铿、袁卫提出了"大统计"的概念,就是将社会经济统计学纳入数理统计学之中,成为一门统一的统计学科。

但是数理统计学与社会经济统计学,它们的理论体系是不一样的,"大统计"的理论也就始终没有形成。相反,李成瑞在他完成《社会经济统计学原理教程》之后,2002 年又完成了他的新著《21 世纪统计三大新题初探》(中国统计出版社,2002 年),其中第一篇题为《建立可持续发展统计学——社会经济环境综合统计学》。这篇著作,虽然还没有涉及到社会经济统计理论中的所有问题,却提出了社会经济统计学发展中的核心问题。

政府统计工作,也没有受"大统计"讨论的影响,按着自己的规律不断地发展着。

同 20 世纪 50、60 年代一样,在社会经济统计学与数理统计学两门科学的讨论中,真正的数理统计学家并没有发表意见。参加讨论的只是从事社会经济统计理论和实践或从事过社会经济统计理论和实践的人,像陈希孺、张尧庭等就从未发表过意见。不过在有些场合,陈希孺却表示过两门统计学应当并存,数理统计学是数学的一个分支的意见。

实际上追溯到解放以前,占据当时统计界领导地位的数理统计学派,他们在西方国家并不是学习数理统计学的,而只是学习数理统计学派的社会经济统计学的。

七、关于提高统计数据质量的讨论

提高统计数字的准确性、及时性，一直是国家统计工作关注的重点，尤其是统计数字的准确性，一直是国家统计工作关注的重中之重。

但这个问题，从未得到真正的解决。在1978年“峨嵋会议”之前，受苏联统计学说的影响，我们认为，统计数字的准确与否，同社会制度有关。在社会主义社会，国家、生产单位和生产者个人的经济利益是一致的，很少可能有意造假。统计数字的虚假，主要由统计工作中的疏忽造成。只要加强对统计工作中各个环节的检查、控制，就可以避免。

但是，我们经历了“大跃进”时期统计数字从浮夸到瞒报的转变，统计数字不实的矛盾是存在着的。

1979年，在中国统计学会的成立大会上，收到的多篇论文涉及到社会主义内部矛盾与统计数字质量的关系。

改革开放以来，统计学界掀起了对统计数据质量问题和进一步提高统计数据质量的讨论。

统计数据质量问题是如何发生的，参加讨论的同志认为，主要来自两个方面：

一是统计数据上报时以及汇总中受当政者利益的干扰所引起的瞒报、虚报现象。这是影响统计数据质量的关键问题。

二是在统计设计、统计调查、统计汇总、统计数据发布过程中产生的误差,这是技术性的问题。

对引起统计数据质量的技术性问题,统计界一直在认真研究,提出了统计误差理论,诸如误差的分布和检验研究,抽样误差的理论研究,缺失数据的处理方法研究,统计数据质量控制与评估研究等。这方面的研究取得了一定的成果。

对影响统计数据质量关键问题的研究,效果不够显著。为此,我们要进一步加强《统计法》的执行力度,在提高统计数据质量方面下功夫。

第十三章

统计工作走上了法治轨道

党的十一届三中全会后，国民经济调整过来，步入了社会主义现代化建设的新征程。要求统计工作更加全面、准确地反映社会经济情况，为社会主义新阶段的建设提供更加完备的统计资料。但统计工作中还存在不少问题，不能适应新阶段要求。国家统计局领导层深切地意识到了这个问题，认为当前统计工作的主要问题是，对各方面的权利、义务关系缺乏必要的法律规范，亟须制定《中华人民共和国统计法》来加以保证。于是集中精力来研究《统计法》草案。

在新中国建立后的30年中，我国的统计一直没有明确的法律规范，而是根据党和国家的方针、政策办事。在1953年的第三次全国统计工作会议上，李富春代表党中央、国务院明确提出：中国的统计工作要走苏联社会主义的道路，逐步建立健全全国统一的统计制度。但在经济工作"大跃进"时，由于统一的统计制度不利于地方报送浮夸的统计数字，国家统计局经过党中央、国务院领导批准，提出了统计工作要反对教条主义，要走群众路线，不能只听专家的话。遇到统计中的问题，要请示县委书记、县长解决。这才放开了统计的闸门，出现了统计数字的"大浮夸"。最后，还是党中央下了决心，由国务院颁发了《统计工作试行条例》，改正了数字的偏差。《条例》的颁发与执行，对统计工作起了重要的促进作用。但《条例》还不是人民意志的表现，还不是法律意义上的文件。

国家统计局领导层研究、讨论了新阶段统计工作的基本任务问题，一致同意在《统计法》草案中写下：

"统计的基本任务是对国民经济和社会发展情况进行统计调查、统计分析，提供统计资料，实行统计监督。"

要完成这个任务，牵涉到方方面面的关系，包括调查者与被调查方的关系，调查者内部的关系，等等。对这些关系必须明确规定权利和义务，明确责任。

国家统计局领导层讨论到了调查结果由谁负责的问题。意见是一致的，在草案中写下了以下内容：

"各地方、各部门、各单位的领导人对统计机构和统计人员依照本法和统计制度提供的统计资料，不得修改；如果发现数据计算或者来源错误，应当责成统计机构、统计人员和有关人员核实订正。

“统计机构和统计人员，实行工作责任制，依照本法和统计制度的规定，如实提供统计资料，准确及时完成统计工作任务，保守国家机密。

“统计机构和统计人员依照本法规定独立行使统计调查、统计报告和统计监督的职权，不受侵犯。”

这些问题都顺利取得了一致意见，但是在统计机构内部关系问题上，出现了严重分歧，引起了激烈争论。

对这个问题有两种意见：一种是权力应当更加集中一点，一种是权力可以适当分散一点。

意见虽然分歧，但出发点都是为了使统计资料更加准确地反映实际情况。

两种意见争论不下，征求地方和部门统计机构意见的结果，才取得了一致的看法。原来这个问题不是统计部门上下级的关系问题。统计任务不是统计机构自身可以单独完成的。没有地方和部门领导的支持，统计机构是不能单独完成任务的。所以权力还是分散一点好。最后在草案中写下：

“国家建立集中统一的统计系统，实行统一领导，分级负责的统计管理体制。

“国务院设立国家统计局，负责组织领导和协调全国统计工作。

“各级人民政府，各部门和企业、事业组织，根据统计任务的需要,设立统计机构和统计人员。"

规范统计机构的内部关系以后,再一个需要研究、讨论的问题是调查者与被调查者的关系。主要是在调查过程中的权利和义务关系。被调查者的义务是对合法的统计调查必须如实报告,在规定时间内报告;调查者的义务是依法布置调查任务,不得随意进行调查。对这一点,国家统计局领导层的认识是统一的,于是在草案中写下了:

"统计调查必须按照经过批准的计划进行。统计调查计划按照统计调查项目编制。"

草案还规范了国家统计局调查项目、部门统计调查项目和地方统计调查项目的编制与审批问题。在《中华人民共和国统计法》颁布后,原来统计调查报表满天飞的混乱现象得到了扼制。过去每隔若干年都要大张旗鼓地清理一次统计报表,自《中华人民共和国统计法》施行以来20多年中,没有大规模地清理过统计报表。

草案中的另一条条文是:

"国家统计调查、部门统计调查、地方统计调查必须明确分工,互相衔接,不得重复。"

国家统计局领导层还讨论了《统计法》的其他有关问题,统一在草案中作了规定。

《中华人民共和国统计法》草案,经全国人民代表大会第六届常务委员会第二次会议通过,由中华人民共和国主席令公布,1984年1月1日起施行。它是我国统计工作的规范和准绳。它对统计的基本任务、统计管理体制、统计工作的现代化、统计调查计划和统计制度、统计资料的管理和公布、统计机构和统计人员的职权范围和法律责任都作出了明确的规定。

为了贯彻《中华人民共和国统计法》，国务院于 1984 年 1 月 6 日发出《关于加强统计工作的决定》。

《决定》指出，要“认真贯彻和执行统计法”“《中华人民共和国统计法》是我国统计工作实行法治的依据，各地方、各部门都必须严格遵守，认真执行。”

《决定》还强调了统计工作的现代化建设。《决定》指出：“统计工作现代化就是用先进的统计科学和现代计算技术，来改革完善我国的统计工作，进一步做到数字准确，资料丰富，信息灵通，以供应社会主义现代化建设的要求，”“保证数字的准确性是统计工作的根本要求。”

国家统计局在全国范围内掀起了宣传《统计法》、实施《统计法》的高潮。

1987 年 1 月 19 日，国家统计局制订了《中华人民共和国统计法实施细则》，经国务院批准后实施。

《中华人民共和国统计法》实施以后，地方统计法规、部门统计法规逐步建立健全，关于《统计法》的执法情况，建立了经常检查的制度。统计工作已走上法治的轨道。

《中华人民共和国统计法》在 1996 年经人大常委会通过进行了第一次修订。

第十四章

在国际交往中前行

国家统计局领导层根据党的十一届三中全会的精神，除考虑制订《中华人民共和国统计法》草案外，还考虑了另一个问题，走出国门，与世界各国广泛交流，立足国内，学习先进经验，以改变统计工作的孤立状态。

中华人民共和国成立以后，统计工作几乎未与国际接轨，自闭在一个孤立的环境中。除了学习苏联，仅与几个社会主义国家有些交往，互派官员访问、学者讨论和学生留学外，对资本主义国家，视如毒蛇猛兽，哪里谈得上交往？对世界统计大势，所知甚少，放弃了与世界上先进国家的相互借鉴机会。

1956年，我国开始与印度有所接触。国家统计局由副局长王思华应邀率团访问了印度，着重考察印度抽样调查的经验。

“文化大革命”以后，统计工作逐步恢复，国家统计局领导已经深深感到统计工作亟须改变面貌，必须向世界先进国家学习。

1978年，联合国统计司司长访华；1979年10月，国家统计局局长陈先应邀率团访问联合国统计司，并访问了美国和联邦德国的统计机构，以及联合国粮农组织统计处。

在此之前，1979年4月，亚洲及太平洋地区经济社会委员会在新西兰召开统计组织座谈会，邀请中国参加。国家统计局许刚副局长出席了会议。这是中国统计机构第一次参加国际会议，是中国统计工作真正走向国际交往的开端。

1980年，国家统计局邀请联合国统计司司长诺巴顿访问中国。1980年12月，应国家统计局要求，联合国统计司派国民经济核算专家费朗博士来华讲授国民经济核算体系。

中国与联合国的合作主要在人口与儿童活动项目方面。1982年，中国在联合国的支持与帮助下，运用科学方法和现代计算技术，完成了第三次全国人口普查。1984年3月，在联合国人口活动基金的支持下，在北京召开了“中国1982年人口普查国际讨论会”，在国际上引起了很大反响。

国家统计局于1981年和1983年参加了联合国的项目，进行了比较深入的单边交往，每年互派访问团进行访问。

在与世界各国的交往中，中国逐步改变了统计工作的面貌。

一是开拓了统计工作的领域。在与国际进行交往以前中国着重于进行物质生产部门的生产统计，对非物质生产部门和社会问题的各项统计，有的非常薄弱，有的还是空白。20 世纪 80 年代以来，国际社会围绕其第三个十年发展计划，对于儿童、妇女、青年、老年、残疾人问题十分注意。中国在国际组织和友好国家的协助下，发展了儿童调查、妇女生育力调查、残疾人调查，并开发中国第三产业调查、环境统计、能源统计，在一定程度上填补了空白。

二是改进了统计方法。在国际交往中，初步实现了中国信息处理现代化；借鉴市场经济国家行之有效的国民经济核算体系，在原有的国民经济平衡体系的基础上，引进了国民生产总值、国内生产总值、总消费、总供给等宏观经济总量指标，以及投入产出表、资金流量表、国民收支平衡表等。中国过去主要用全面统计报表搜集数据，在国际交往中，更多地运用了抽样调查方法。

《中华人民共和国统计法》也借鉴了先进国家的经验，1963 年国务院颁发的《统计工作试行条例》原可以作为《中华人民共和国统计法》草案的基础，但《条例》主要用来规范了统计机构和统计人员的调查活动，而对于被调查者权利、义务的规范则过于草率，对调查双方的责任也缺乏明确的规定。到了 20 世纪 80 年代，经济成分趋于复杂，必须借鉴国际上的经验，才能予以明确规定。

统计工作法治化和统计工作的对外开放是实行统计工作现代化的基础，中国的统计工作正在这个基础上奋力前进着。

第十五章

走向统计工作的现代化

1982 年中国共产党第十二次全国代表大会，提出了中国经济建设的宏伟目标，确立了全面开创社会主义现代化建设新局面的奋斗纲领。

国家统计局于 1983 年 8 月召开了全国统计工作会议。国家统计局局长李成瑞提出了开创统计工作新局面，逐步实现统计工作现代化的目标。

这个思路得到了国务院的肯定和全国统计人员的拥护。1984 年

6月,国务院在《关于加强统计工作的决定》中提出:

“统计工作现代化,就是要运用先进的统计科学和现代计算技术,来改革和完善我国的统计工作,进一步做到数字准确、资料丰富、消息灵通,以适应社会主义现代化建设的需要。为此,必须逐步实现统计指标体系完整化,统计分类标准化,统计调查工作科学化,统计基础工作规范化,统计计算和传输技术现代化,统计服务优质化。各级统计局和业务主管部门,要根据上述目标作出具体规划,组织实施,并且在实践中不断总结经验。”

按照国务院《决定》,在国家统计局的领导下,各级统计部门和全体统计工作人员踏踏实实进行统计改革,取得了显著的成就。例如:

在统计指标体系完整化方面:从适应高度集中的计划经济转向于适应社会主义市场经济体系,经济、社会、科技指标体系发展既各自独立,又互为条件、互相融合的三位一体的统计指标体系。在逐步完整社会经济统计指标体系的过程中,又向着完善社会、环境指标体系发展。

在统计分类标准化方面:建立起了包括劳动力和自然资源分类、国民经济结构分类、社会结构分类在内的标准体系。1984年颁布了“国民经济行业分类标准”,并在此基础上,先后制定了“三次产业划分规定”“划分信息产业暂行规定”“文化及相关产业分类”“高技术产业统计分类目录”。1993年制定了统计调查单位划分标准等。进入21世纪后,又先后发布了“大中小型企业划分办法”“划分城乡的暂行规定”等。

在统计调查工作科学化方面：从主要依靠全国性的定期统计报表转变为抽样调查、重点调查、定期统计报表、重要国情国力普查相结合的调查体系。

在统计基础工作规范化方面：由统计核算、会计核算、业务核算相互脱节，逐步转变为三者协调，可以相互兼容或转变。基层单位的统计工作，由主要为上级服务，转变成为单位本身服务并满足上级需要，等等。

今后的任务是全面推进统计改革，建立起符合中国国情，适应社会主义市场经济发展需要的全面的统计体系，不断进行改革。

统计工作现代化的目标已经确定，在具体的进行过程中仍需统计理论的指导。中国几千年来没有系统的统计理论的局面应该结束了。中国必须创建中国特色的统计理论体系以指导统计工作现代化的稳步前进。

附记

1986年晓越从上海财经大学西方统计系取得硕士学位后，就来到国家统计局工作。她首先感到困惑的是：她所学的统计理论与她所从事的统计工作之间似乎隔着一条鸿沟。带着这个问题，她找到了一些过去的统计刊物和国家统计局的文件来看，悟出了一点门道。1989年她从专业司调到统计科学研究所，并要求来《统计研究》编辑部工作。当时我是统计科学研究所的负责人之一，《统计研究》编辑部由我分管。这样，她在工作之余，就不时与我讨论她所困惑的问题。1991年我离休后，她仍经常与我保持联系，我提出了共同编写《新中国统计工作历史流变：1949～1999》一书的建议。经过确定提纲、分工撰写、相互反复修改后，2007年上半年完稿。稿件由晓越保存着，我请她进一步加工修改。2007年10月，她挂职下放长沙市，三年后又调任湖南省外事侨务办公室副主任。面对全新的工作，她又是一个非常敬业的人，工作、学习十分忙碌，对稿件已无力继续加工了。2011年初，她把原稿交我，要我进行最后的统稿。我因患目疾，无力再去翻阅大量材料，对全稿作进一步的充实，只能勉力进行了一些润色。我觉得全稿基本上反映了新中国成立后统计工作的演变过程,可以请晓越阅后交中国统计出版社审核了。统计改革还在不断进行中,本书进一步的完善,只能等晓越于退休之后了。

莫曰达　2015 年 1 月